专业社会工作视角下
"五社联动"
实务案例

ZHUANYE SHEHUI GONGZUO SHIJIAO XIA
WUSHELIANDONG SHIWU ANLI

湖北省社会工作联合会　编著

中国社会出版社

国家一级出版社·全国百佳图书出版单位

北京·BEIJING

图书在版编目（CIP）数据

专业社会工作视角下"五社联动"实务案例 ／ 湖北省社会工作联合会编著 ． -- 北京 ： 中国社会出版社，2024．12． -- ISBN 978-7-5087-7125-0

Ⅰ．D676.3

中国国家版本馆 CIP 数据核字第 2024B6B128 号

专业社会工作视角下"五社联动"实务案例

责任编辑：张　迟

责任校对：刘延庆

装帧设计：尹　帅

出版发行：中国社会出版社

　　　　　（北京市西城区二龙路甲 33 号　邮编 100032）

印刷装订：河北鑫兆源印刷有限公司

版　　次：2024 年 12 月第 1 版

印　　次：2024 年 12 月第 1 次印刷

开　　本：170mm×240mm　1/16

字　　数：260 千字

印　　张：17.25

定　　价：108.00 元

前　言

2020年2月新冠疫情暴发伊始，湖北省武汉市新冠病毒感染患者确诊和疑似病例人数呈现快速增长态势，习近平总书记在统筹推进新冠肺炎疫情防控和经济社会发展工作部署会议上强调，"对社会力量参与疫情防控，要加强组织引导、畅通渠道、鼓励支持""要发挥社会工作的专业优势，支持广大社工、义工和志愿者开展心理指导、情绪支持、保障支持等服务"。在以习近平同志为核心的党中央的坚强领导下，在湖北省委、省政府的支持下，湖北省民政系统积极促进社区、社工、社会组织、社区志愿者、社会慈善资源的联动抗疫，助力基层社区，提升社区治理的效能。湖北省民政厅同期组建"五社联动"课题组，吸纳新冠疫情防控以来涌现出的两股新的社会力量——社区志愿者和社会慈善资源，将"三社联动"升级为"五社联动"，创新社区与社会组织、社会工作者、社区志愿者、社会慈善资源的联动机制，开始了新时代中国特色基层治理体系的探索之路。

"五社联动"机制的核心在于"联动"，即通过党建引领，发挥社区党组织的领导作用，整合社区内的资源，形成政府、市场、社会协同发力的基层治理新格局。这就要求"五社联动"要立足社区，加强党建，关注居民需求，充分发挥社会工作的专业优势，赋能社区社会组织、社区志愿者和社区居民，发掘和利用社会公益慈善资源，提升社区治理效能，进而推动建设"人人有责、人人尽责、人人享有"的社会治理共同体。

"五社联动"要明确社区、社会组织、社会工作者、社区志愿者、社会慈善资源五个主体之间的角色定位，社会工作的理论视角与行动路径尤为关键。作为"舶来品"的专业社会工作，服不服中国基层的水土，能否扎根于民众需求，既需要理论探索，更需要实践检验。在"五社联动"的实践中，专业社会工作如何扮演专业服务、专业指导、资源链接、组织协调、倡导推动者等角色，而这一新型社区治理机制中面临哪些困境和短板、又有哪些突围的行动策略——均是本书重点研究的问题。

在深入贯彻党中央、国务院关于加强基层治理体系和治理能力现代化建设指导精神的背景下，湖北省社会工作联合会积极响应省委、省政府《关于深化新时代党建引领加强基层社会治理的意见》，以及民政部相关工作的具体要求，充分发挥"五社联动"在基层社会治理中的积极作用，坚持不懈地推进"五社联动"系列项目，在87个社区、115个乡镇（街道）开展了"五社联动"项目，培育了社区社会组织，发展了注册志愿者，开展了多姿多彩、群众满意的各类社区服务活动；围绕"打造社会治理共同体"的目标，广泛凝聚各方资源力量，深化激活治理新动能；指导乡镇（街道）依托社会工作综合服务站，做实枢纽功能，积极链接联动"五社"力量，将"五社联动"作为完善社区服务体系、回应居民服务需求的重要抓手，在助力巩固党的执政基础、化解社会矛盾、调适社会关系、增进社会融合、促进社会协同等方面进行了深入探索，形成了行之有效、各具特色的丰富经验与做法。

目前学界关于"五社联动"的研究，主要聚焦在其专业社会工作的专业优势、角色错位缺位、制约因素，以及对直接和间接服务者角色的深入分析，在探讨社会工作"服务治理"等直接行动案例以及"支持建构"等间接行动方案方面尚显不足，尤其缺乏实证性的经验研究，难以充分检验"五社联动"中社会工作行动策略的适用性，也未深入探讨"五社联动"推进基层治理现代化的内在机制。

鉴于此，本书充分展示湖北省"五社联动"工作中基层社会治理类、社区公益基金类、志愿服务型社区社会组织培育类、专项服务类四大板块的具体实践经验成果，通过案例分析与专家点评进行深度分析，探讨"五社联动"在推进基层治理现代化过程中的行动策略及其效果，并对"五社联动"中社会工作行动的实践经验进行分析和总结。

最后，谨向所有参与本书撰写的一线社工及支持单位致以诚挚谢意。希望本书能对回答社会工作协调推进"五社联动"和基层治理现代化有一定的借鉴意义，也能为完善"五社联动"的理论研究框架提供基础资料。

《专业社会工作视角下"五社联动"实务案例》编委会

2024 年 7 月

目　录

基层社会治理类

专项服务类

基层社会治理类

"铜"巷不同样，幸福同缔造

——武汉市江汉区民权街道打铜社区"社区营造"①

案例正文

【引　言】社区是社会治理的基础单元，也是实现人民群众全面发展和共同富裕的重要平台。在这个平台上，如何发挥党建引领作用，运用"五社联动"机制，挖掘社区文化、推动社区营造，实现人文地产景的融合发展，是实现当前超大城市中心城区"老旧社区"更新、满足人民群众对美好生活向往的必答题。

【摘　要】武汉市江汉区民权街道打铜社区位于武汉市江汉路商圈，因明清时期铜匠在此云集而得名，辖区设施老旧，居民居住环境差；社区居民收入低；人口结构复杂。党的二十大以来，打铜社区以中国式现代化思想为指引，运用"五社联动"机制，从"人文地产景"五个方面进行社区营造，从巷道改造入手，传承社区文化，开发公益产品，整合慈善资源，使得老里分（武汉特有的建筑形式）变成了"网红打卡地"。居民有了舒适安全的生活环境，商户有了和谐活跃的经营空间，社区也有了可持续的发展资源，从而形成了社区环境优、商户口袋富、居民精神足的社区新风貌，走出了一条党建引领下迈向共同富裕的基层治理之路。

【关键词】社区营造　"五社联动"　共同缔造　共同富裕

---

① 本案例作者为武汉市弘毅社会工作服务中心张强、张雅婷、李露。

破解痛点，焕发百年社区活力

民权街道打铜社区位于武汉市江汉路商圈，是一个开放式的百年老社区。辖区面积 0.09 平方千米，社区党委下设 4 个片区党支部、8 个党小组，直管党员 158 人，辖区居民 2732 户，常住人口近 8000 人，人口相对密集。社区地处市中心，商业资源丰富，文化活动繁荣，共有坤元里、段家巷、同安里、新风巷等 11 条巷道，各个巷道都有自己独特的文化。同时，社区老人多、商户多、外来务工人员多且流动性强，辖区建筑老旧且缺乏专门的物业管理，居民生活环境不佳。

老旧社区治理一直是社会治理中的难题，地处闹市区又具有百年历史的打铜社区面临的问题则更加突出：第一，社区硬件老旧，建筑老化，道路、照明设施陈旧，居民出行不便，存在很大的安全隐患，居民居住条件差，生活环境亟须改善；第二，辖区经济发展动力不足，社区优越的地理位置未能转化成经济价值，居民收入水平普遍偏低；第三，社区内的历史建筑等文化资源缺乏保护，社区辨识度不高，可持续发展的动力不足。

图 1　打铜社区坤元里一角

在问题突出的同时，社区内部优势也十分明显：社区建立了熟人网络，居民参与积极性强；地理位置优越，商业价值高，辖区社会公益慈善资源丰富；文化资源丰富，文化传承人居住在社区，居民对于文化认同度高。2022 年，社区依托"腾讯公益·五社联动·家园助力站"项目，对社区公益基金进行重新规范，在湖北省慈善总会"幸福家园 村社互助"平台建立社区公益基金，由社区支部书记、社会工作者代表、社会组织负责人、志愿者代表等组成 5 人基金管理委员会，负责基金管理相关事宜。项目依托社区公益基金，围绕巷道改造、环境整治、文化传承开展"铜"巷不同样计划。希望通过实施"铜"巷不同样计划，运用"五社联动"机制对社区内的巷道进行改造，改善居民居住环境，传承社区历史文化，提升各社会主体参与社区治理的能力和公共意识，实现基层善治。

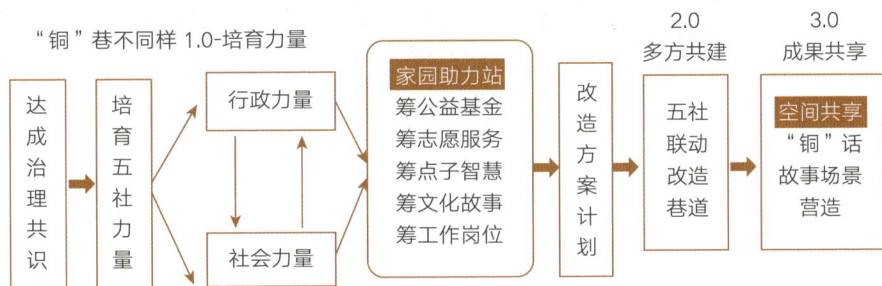

图 2 "铜"巷不同样计划及实施策略

需求为本，多方共铸美好社区

在"铜"巷不同样计划开展前期，社区联合专业社工，用近一个月的时间深入社区开展需求调研，通过开放空间、围炉煮茶等多种方式，组织社区社会组织代表、社区志愿者代表、爱心商户代表开展议事会，在现有的公共空间内开展"哧天议事会"（哧天：武汉话聊天的意思），充分发扬民主精神，运用开放空间、罗伯特议事、围炉煮茶议事等方式引导居民表达需求、反馈问题，组织包括社区党员代表、居民代表、社会组织代表、志愿者代表、共建单位代表在内的多方主体，共召开 19 期议事会。最终明确打铜社区问题的症结在于物理环境，在政府规划明确不拆迁的情况下，应当由居民共同改善、维护社区的环境，挖掘社区的文化资源，发展社区优势资产，明确将"巷道改造，社区营造"作为当前打铜社区社会治理的核心议题。

实施过程中具体根据以下几个目标进行改造过程监控：

图3 社区开展议事会现场

1. 人——为居民提供安全的生活环境，为社区"一老一小"提供安全的活动空间；增强居民公共意识，通过议事、共谋的方式引导居民参与社区建设。

2. 文——传承、发展打铜社区工匠精神和"铜"文化，挖掘打铜社区的历史文化和典型故事，开发设计打铜社区文化IP，以文化聚民心，以文化汇资源，营造社区集体记忆和公共文化氛围。

3. 地——打造独特的人文环境，形成品牌效应，将社区的地理区位优势转化为经济优势、治理优势。

4. 产——激活社区商业，开辟公共空间作为"微创园"，吸引大学生、妇女、残疾人实施创业计划，发展社区社会企业，增强社区造血功能。

5. 景——打造社区特色景观，建立公共空间和精神联结；发展社区旅游，营造文化和生活场景，运用社区居民的生活场景和独特文化打造旅游新业态。

在实施策略上，将"铜"巷不同样计划分为三个阶段：第一阶段，发动居民，募集资源，培育社区"五社联动"力量，确定社区营造核心议题及实施方案；第二阶段，"五社联动"多方共建，实施巷道改造；第三阶段，"五社联动"成果共享，完善巷道公共空间、创新创业、旅游观光功能，发展"铜"话故事场景营造项目，实现可持续发展。由于巷道改造实施周期较长，本案例重点介绍社区居民动员、社区基金发展与社区文化挖掘传承。

公益平台汇聚多方参与

巷道改造是一项大工程，涉及主体众多，改造资金需求量大，需要发动多方力量共同参与。为整合链接更多的社会资源参与巷道改造，打铜社区在湖北省慈善总会"幸福家园"平台设立了"'铜'心共治"公益基金，运用公益基金平台筹措资源。

在实践中，社区不断拓展社区公益基金的功能和范畴，通过"中秋公益游园会""红色直播间"等多种方式宣传公益慈善文化。项目组依托节庆，每个月设置相关主题开展公益集市，汇聚居民、爱心企业、共建单位参与。除2022年11—12月未开展外，截至目前共开展8场公益集市，在公益集市的推进下，"'铜'心共治"公益基金范围和外延不断扩展，从筹集公益善款发展为筹志愿服务、筹巷道故事、筹改造建议、筹工作岗位，公益理念得到广泛宣传。新颖而有趣的公益集市，引起社会各界关注，为"铜"巷不同样计划的开展建立了源源不断的资源库。

打铜社区辖区内的打铜生鲜市场专门为"'铜'心共治"公益基金提供了30平方米的店铺，开起了铜巷公益超市，为社区公益产品的销售提供平台。

图 4 中秋公益游园会

图 5　红色直播间

其中，社区自己的公益产品销售额的全部、其他商品营业额的 10% 捐赠到社区公益基金，同时，还认领了一条巷道进行改造。

表 1　打铜社区"铜"巷不同样计划之公益集市

时间	公益集市主题	时间	公益集市主题
2022 年 9 月	"月是中秋明，善为天下心" 99 公益活动	2023 年 3 月	学习雷锋好榜样——打铜社区追"锋"公益集市
2022 年 10 月	人大代表"赶集"连民心　邻里互助传温情	2023 年 4 月	世界读书日，一起"读"懂打铜
2023 年 1 月	"换"来快乐"炸"出幸福——新年集市暨志愿者积分兑换活动	2023 年 5 月	公益领跑游园会，百年打铜正青春——520 公益集市
2023 年 2 月	第九届藕汤节暨"铜"巷不同样　邻里文化节	2023 年 6 月	"铜"巷不同样计划坤元里改造开工仪式

图 6　打铜社区公益集市现场

文化认同铸牢共同体意识

在众多改造建议中，"形成打铜社区独特的文化符号"这一想法得到普遍认可，打铜社区"五社联动"的文化产物——社区文化 IP"铜小匠"诞生了。

打铜社区敲响了 60 年的平安锣，是联结居民的文化纽带。"铜小匠"将铜锣形象与打铜社区青砖石墙元素相结合，胸前佩戴打铜社区"铜心共治，与爱同行"胸牌，整体形象酷似一个充满活力的"小铜匠"。作为一个文化符号，"铜小匠"是打铜社区传承百年的"敬业、精益、专注、创新"工匠精神在新时代"'铜'心共治 五社联动"队伍身上的集中体现。它诞生于"五社联动"议事会，线稿出自居民志愿者，爱心设计师对其加工完善，在下沉党员志愿者的帮助下，向国家专利中心申请了专利保护，并开发出"铜小匠"钥匙扣、笔记本、抱枕、徽章、鼠标垫等多款公益产品。2023 年 3 月 24 日，"铜小匠"发布会顺利召开，现场即得到了数十家单位的青睐，"五社"队伍进一步壮大。

图7　打铜社区文化IP"铜小匠"发布会及公益产品

多方共赢助力街巷共治

"铜"巷不同样巷道改造及社区营造计划是一项包容性极强的计划,在执行过程中兼顾多方的利益:对居民来说,巷道改造改善其生活环境和生活品质,为其提供就业、创业的机会,公益集市给居民带来实在的福利和优惠;对商户来说,巷道改造为其引流,提升商业活力,计划执行期间,社区的直播间、公益集市为商户带货、宣传,提升其影响力;对共建单位来说,社区巷道改造对居民进行有效动员,协助其完成相关监管任务,例如现有商户争做"铜"心共治公益联盟成员,促使其遵纪守法诚信经营,帮助市场监督管理局对其进行有效监督;对社区和街道来说,居民和社区社会组织、志愿者在实施计划的过程中得到有效锻炼,参与社区治理的能力和积极性都得到极大提升。在"铜"巷不同样计划的推进下,社区已成功孵化出了包含巷道施工监督保障、文创设计、"铜"话故事宣讲等在内的5个功能型的社区社会组织,社区居民在共同目标的引领下空前团结。

"五社联动"联出幸福蓝图

"铜"心共治公益基金不断发展为"铜"心共治公益联盟,汇聚了武汉大学城市设计学院、武汉老字号"汪玉霞"巷道、江汉区妇联、江汉区总工会等36家企事业单位。居民群策群力、"五社联动"各显神通,目前打铜社区

图 8　完成改造的永广里巷道

11 条巷道中永广里、新风巷、坤元里等已完成改造，其中工程最为复杂、改造难度最大的一条巷道——坤元里，改造后将成为集里巷党建、居民议事、创新创业、旅游观光于一体的公共空间，改造好的巷道将进一步推动社区发展，"联"出幸福蓝图。

多方参与，社区公益长效运转

扩大公益基金范畴，实现了公益的可持续发展

依托"腾讯公益·五社联动·家园助力站"项目，截至 2023 年 4 月，"铜"心共治公益基金募集善款 10526.95 元，募集物资折合 48821 元，收集巷道改造建议 137 条，同时还募集到居民的老照片、老物件 50 余件。"铜"心共治社区公益基金发展成为集资金、智慧、文化、服务、岗位于一体的公益平台。

塑造文化符号，打造社区独有的文化品牌

在执行"铜"巷不同样计划的过程中，社区吉祥物"铜小匠"诞生并成为社区特有的文化符号，将社区的文化资源转化为实际的文化品牌。"铜小匠"

作为一条文化纽带紧紧地将在地资源汇聚在社区建设中，增强了各主体的归属感，并提升了社区的品牌价值。

"五社联动"实现内部微循环，优化了社区的治理模式

项目开展以来，打铜社区新增 5 家资源整合类、公益服务类社区社会组织，社区从原来的"一对多"转变为"五社联动""五社互动"的治理模式，形成了"共谋共建共管共享共评"的"五共"社区治理新格局。

【研讨题】

1. 超大城市中心城区老旧社区"衰落"的问题越来越突出，如何动员居民、激活社区各方力量，参与社区建设、城市更新？

2. "五社联动"如何将解决社区治理问题与实现社区发展、居民增收有效结合？

3. "五社联动"中，社会工作者如何发挥专业优势，从微观的、传统的社会工作，迈向更宏观、深度参与社会治理的"大社会工作"？

📁 案例分析

一、需求为本，文化为根：锚定社区痛点，深耕文化归属

老旧社区问题突出，例如打铜社区既面临着一老一小的服务问题，又面临着社区治安、商户扰民等治理类难题，社区对于多重问题进行梳理、排序，发现社区环境问题关系到每个人的生活，出行是最为紧迫、涉及群众最多的一个问题。因此，社区以巷道改造为切入点，能够最大范围地发动居民，而居民对于关系自身的事情，参与的动力也就更强，社区借助一些特殊契机能够有力地将居民聚集起来。

同时，在打铜社区有一面敲响了 60 年的平安锣，是联结居民的文化纽带。老旧社区在面临多重问题的同时，往往也因具有较长的历史，拥有比较深厚的城市文化底蕴。文化最能汇聚人心，例如打铜社区深入挖掘社区的"铜"文化、老汉口文化、工匠精神，开发设计出社区的文化 IP"铜小匠"。此外，

打铜社区还深度向内挖掘，挖掘出了社区的鱼门拳、武汉话等非遗文化，讲述社区的老故事、展示社区的老物件。在快节奏的今天，这种共同的文化、生活记忆，最能打动人、影响人，通过缔造大家共同的精神世界，将打铜文化塑造成大家共同的历史记忆，有效地增强了社区居民对社区的归属感，社区的文化资本转化为实际治理的效能。

二、运用现代技术手段，兼顾发展多重目标

在项目实施期间，打铜社区定期开设"红色直播间"，对每一场活动进行线上直播，同时利用直播平台开设商户展位，吸引辖区爱心商户到直播间进行商品推销，通过直播为商户吸引客流，增加商户收入。直播间既是项目宣传的平台，也成为吸引社会力量参与、推广社区商户的窗口。截至目前，社区活动直播观看量最高达 23.8 万人次。

在项目实施过程中，项目服务及实施内容兼顾社区治理与社区发展、共同富裕多重目标。项目在立项之初，经过多重需求调研认识到，社区的矛盾、问题根源在于社区居民收入低，商户发展动力不足，社区占据着最优的地理位置却未能发挥出应有的商业价值，因此项目在开展常态化的社会工作服务和培育服务之外，专注于社区"人文地产景"全方位的营造，尤其是"产"的发展现在已初显成效。在巷道文化场景营造中，开发出"铜小匠"表情包，后期计划将系列表情包在社交媒体平台进行线上发布，实现文化创收。此外，针对巷道历史故事筹备制作游戏，均为项目实施提供了强大助力。该项目实施的最终目标是希望巷道改造成果、社区历史文化以及社区文化 IP 未来都能形成品牌效应，通过社区文化产业的发展，带动社区商业体的共同发展，提高辖区居民的经济收入，实现"社区—商业—公益"的良性循环。

三、联动社会资源，推动建立跨专业合作平台

针对项目规划，制订以"社区微更新"为核心的社区营造三年计划，同时将困难帮扶、志愿者动员、社区矛盾纠纷调解、公益慈善资源培育等具体目标融合在社区"人文地产景"的改造中，目标聚焦，主题突出，整合了更多的社会资源参与项目实施。在项目实施期间，社区及项目实施相关单位面

向全市发布招募令，吸纳了涵盖历史、建筑、计算机等多个专业的志愿者和共建单位，因此也得到了社会各界广泛的关注和参与。此外，多个专业的融合，也为项目实施提供了诸多创新手段，例如社区通过开设直播间、充分利用喜马拉雅平台、开发应用小游戏等，又为社区赢得了更多社会力量的关注，也促进了社区各项工作向更高质量发展。

项目以社区营造为服务总目标，在实践中，除了社会工作者发挥专业优势，还整合了城市设计、建筑规划、历史、计算机、生物、互联网自媒体等多个行业领域的专业人才共同参与，改变了长久以来人们对于社区"基层"的刻板印象，跨专业合作为社区注入更专业广泛的力量，也将社会工作专业力量的运用充分扩大到更广阔的空间中。

打铜社区以巷道改造为切入点，需求聚参与、文化汇资源、共赢促发展。在实现共同富裕的道路上，富者付之以金，智者付之以才，众者付之以力，走出一条老旧社区更新改造实现物质、精神、环境全方位发展的治理之路，为探索基层社区治理与服务创新建设的新路径和新模式提供了示范和样本。

📝 专家点评

通过"五社联动"机制的应用，打铜社区实现了从老旧社区到"网红打卡地"的华丽转身。这不仅改善了居民的生活环境，也促进了社区的经济发展和文化传承。该案例充分证明了"五社联动"机制在老旧社区治理中的有效性和可行性。

从该案例的条理逻辑角度来看，展现出了清晰、有序和深入的分析与叙述，在描述打铜社区的现状时，从多个角度进行了全面的分析。在描述问题的同时，该案例也没有忽视社区的优势，基于存在的问题进行需求分析，提出项目实施的策略以及整体思路。本项目提出了"铜"巷不同样计划，并运用"五社联动"机制对社区进行改造。这一解决方案既解决了社区存在的问题，也充分利用了社区的优势。通过巷道改造、环境整治和文化传承等措施，改善了居民居住环境、传承了历史文化、并提升了各社会主体参与社区治理的能力和公共意识。

　　该案例不仅对打铜社区的现状进行了描述和分析，还深入探讨了社区治理的难点和关键点。这种深入分析使得案例不仅具有实践意义，也具有一定理论价值。

从"熊孩子"到"主理人"

——武汉市汉阳区四新街道梅林都汇社区"家在丛林"儿童友好环境提升 [①]

案例正文

【引　言】儿童，作为常人眼中的"困弱群体"，通常仅作为服务对象接受服务，不被考虑纳入基层治理力量的统筹范围。但随着各地关于"儿童友好社区"建设的深入探索，《中华人民共和国未成年人保护法》中赋予儿童的发展权、参与权、受保护权等在基层治理实践的最后一百米服务中得到重视和加强，也以此带来不少"童心缔造"的治理成果，成为基层政府和社区推进治理效能提升的重要力量之一。

【摘　要】在儿童群体占比高的小区，因游乐设施匮乏而引发的公共绿地破坏问题，成为引发武汉市汉阳区四新街道梅林都汇社区多方矛盾的"爆点"。"腾讯公益·五社联动·家园助力站"项目社工入驻社区后，在街道、社区两级党委的指导支持下，发挥儿童的主体性作用，从童心视角审视问题矛盾，提出多方认可的"嵌套"方案，创造性地解决了"绿地保护"与"游乐设施"的双向难题，并进一步推动服务友好、发展友好的多种举措落地，系统提升了社区整体儿童友好程度。

【关键词】五社联动　儿童友好　社区基金　需求平衡

绿地争夺　矛盾交织

武汉市汉阳区四新街道梅林都汇社区下辖的绿地中央广场小区 A 区有 3 栋

---

①　本案例作者为武汉市汉阳区牧笛社会工作服务中心汪阔林。

楼 5 个单元，入住的 470 户居民中有 392 名青少年儿童，儿童群体占比很高。小区中央有一片 C 字形结构的公共绿地，高大的树木环绕，构成居民重要的公共休闲空间。但令人十分懊恼的是小区竟然没有一套儿童游乐设施，前期无规划，后期无增设场地，唯一的空旷区域作为消防登高点也无法使用，这导致孩子们只能在公共绿地穿梭嬉戏，不仅容易玩得满身泥土，也存在不少安全隐患。

长期以来，间接产生的绿地损坏问题引发越来越多其他居民的不满，孩子们也成为居民眼中的"破坏者"。部分居民认为"物业不作为，收了物业费却任由绿地破坏裸露"；物业则表示"孩子缺少家长管教，导致修缮的绿地反复遭到破坏"；儿童家庭更是无奈，"孩子天性活泼好动，又没地方玩，只能在树林里耍"。自此，绿地损坏问题陷入各说各有理的无休止争论中。主要存在的问题如下：

缺少儿童游乐设施且安全隐患滋生。小区青少年儿童占比高，但儿童游乐设施为零，前期无规划，后期增设也无场地，导致小区孩子无处玩耍，大量青少年儿童在公共绿地穿梭，骑自行车向下俯冲、折树枝打闹等，时而磕碰引发家长们的集体担忧。

公共绿地破坏引发三方矛盾。青少年儿童在公共绿地间的嬉戏玩闹，造成大量绿地被踩踏损坏，原本只有 5 个出入口的绿地，被踩出近 20 个出入口，导致大面积植被裸露，间接产生的灰尘和泥泞问题给其他居民造成不小的负面影响，并逐渐上升为居民、物业、儿童家庭的多方矛盾。

儿童被贴上"熊孩子"标签。公共绿地的持续性破坏，引发物业、业委会、居民的强烈不满，导致其粗暴地为儿童贴上"熊孩子"的标签，并多次在社区网格群谩骂，引发了一大批居民的强烈不满，儿童逐渐被污名化。

"五社"要素"在场而不联"。梅林都汇社区有备案社区社会组织 21 支，长期活跃的志愿者 300 余人，爱心单位 26 家，但在面对社区内公共绿地破坏这类冲突激烈的公共问题时，却无法有效联动形成合力。

专业谋划　破解难题

针对小区凸显的一系列问题，社会工作者经过充分调研与评估，在社区党委的指导下，决定从增设儿童游乐设施入手，满足小区 392 名青少年儿童的游乐需求，改变绿地破坏的冲突现状，回应居民关于保护公共绿化的诉求。然后，进一步提升居民对公共绿地环境的共识，通过组团队、建机制、设公约等举措，汇聚广大居民力量，引导其参与小区公共绿地的共管共护行动，以"儿童友好"带动美好环境与幸福生活的双向提升。

就具体介入策略来说，从优势视角出发，立足小区中央高低起伏、林木环绕的C字形结构公共绿地空间的环境优势，将儿童游乐设施嵌套在公共绿地之中，解决没有场地的问题。一方面与植被形成有效的物理间隔，另一方面用原木风的设计与自然融为一体，满足孩子们的心愿，且避免破坏整体公共环境的和谐。

从工作机制来说，发挥"五社联动"机制作用，从推进青少年儿童参与社区治理的过程友好，到儿童保护、儿童发展、儿童教育、儿童参与四个方面，挖掘内部资源，引进外部专业力量，协同推进儿童友好社区建设。同时，建立儿童参与的社区治理体系，实现以"童心看社区"。

从需求平衡来说，着重关注不同居民的利益与需求，在为儿童打造社区活动空间的同时，保持与无儿童居民的沟通，向他们展示新的建设方案，介绍对居住环境质量和其房屋增值的提升作用，同时展示后期的绿植维护计划，逐步得到他们的认可。通过获得社区居民的基本拥护得到社区和物业公司的大力支持。

规划设计	共建打造	共管共护	价值营造
坚持民事民议，民事民决，搭建童心议事会平台，征集儿童需求和其他居民意见，共谋解决方案。	邀请辖区青少年儿童家庭共同参与小区丛林营地的建设、打造和美化，并对裸露地面进行复种。	依托楼栋党小组、春泥志愿服务队共同巡护，倡导文明行为方式，维护公共绿地和设施的安全。	通过邻里嘉年华、自然教育等举措，营造美好家园"共同缔造"的公共价值。
过程友好	设施友好	服务友好	环境友好

图1 小区公共绿地规划

方案共谋，推进友好治理

2022 年 10 月，针对小区建设前期缺少儿童设施规划的问题，社会工作者选取社区网格长、物业公司负责人、业委会主任、居民代表等对象进行走访调研，了解后期建设难题，确定问题清单。随后，招募春泥志愿者举办童心议事会，听取青少年儿童意见建议，征集心愿清单，并引导青少年儿童参与社区治理，谋划解决之策。

"这个被踩坏的地方就应该设计成一条路才方便，要不然进来玩需要绕一大圈，大家都觉得很不合理。""有一次我爸妈带我外出游玩，那个地方有一个探索营地，树和树之间有索道，还有木屋，我非常喜欢。"关于儿童游乐设施的建造问题，春泥志愿者们各抒己见，丛林树屋、荡桥、鸟窝、滑梯、秋千等元素也逐渐勾勒出儿童游乐设施的基本框架——丛林营地。

"家在丛林"这个项目名称就是社区儿童议事会最后商讨决定的——从儿童的身高视角来看，透过合围的几棵大树看到房子就构成"家在丛林"中的景观了，而这是认为"那不过是几棵茂盛的树"的成年人难以想象出来的。

图 2　社工举办"我是丛林规划师"童心议事会

基金助力，建设友好文化

　　激发儿童参与动力，引导儿童成为社区基金劝募者。建设资金从哪里来也成为社区和社会工作者的难题之一。2022 年 11 月，为筹措建设经费，"腾讯公益·五社联动·家园助力站"项目团队带着儿童心愿清单开启资源链接。物业公司作为服务业主的商业主体，与社区有着同一批服务对象，因此，绿地中央广场小区的长城物业成为社会工作者开展资源链接的首要客户。通过与长城物业相关人员的座谈，社会工作者从利益共同体的角度阐述儿童游乐设施建设的必要性和紧迫性，以及问题的解决给物业带来的口碑、物业费收缴等方面的潜在影响，最终成功获得 5 万元共建打造资金；同时，依托梅林都汇社区基金，社会工作者先后发布"春日友约·青创市集"等筹款活动，100 余名青少年儿童牵手家长参与爱心捐赠，募捐 1500 余元善款，用于营地的细节提升。

　　为保障儿童游乐设施的安全性，社会工作者进一步链接华中师范大学高校师生、第三方建设公司等举办座谈，在童心议事的成果基础上，形成更加可行、可靠、科学的设计方案。"儿童诉求 + 专业把控"形成的营地建设方案

图 3　社会工作者邀请华中师范大学师生、第三方建设公司座谈
优化设计细节

改造前 改造后

图4 丛林营地空间改造前后对比

在小区开放展中顺利通过居民评议，成为最终实施方案。经过专业人士的打造，丛林树屋、荡桥、鸟窝、滑梯、秋千等孩子们的心愿清单逐一成为现实，被嵌套在公共绿地之中，既与绿植形成物理间隔，原木风的设计也与丛林融为一体，得到广大居民的认可。

空间招商，构建友好服务

项目落地需要资源，同时项目的建成本身也变成了资源。在"共享丛林营地"正式面向居民开放后，社会工作者也在思考如何进一步丰富"丛林营地"的配套服务。于是展开空间招商推介，成功地吸引了辖区哈林创想美术馆的加入，推出了"丛林课堂"公益服务项目，并在此设立户外写生基地，构建辖区青少年儿童自然教育场景。自营地建成以来，"丛林创想""丛林写生"等课程陆续推出，不断满足青少年儿童接触自然、探索自然的需求。

图 5 "丛林课堂"公益招商项目联合社区、物业举办"你好绿地·
亲子嘉年华"活动

共管共护，助推环境友好

推动环境可持续提升，引导儿童成为建设者和成果维护者。"如何回应居民对公共绿地环境的诉求，建立可持续提升机制？"孩子们提出不少意见建议。2023 年 3 月植树节，春泥志愿者在社会工作者组织下开启"丛林有约·复绿行动"，对小区破损绿化带开展修复行动。对于绿植来源，社会工作者进一步链接武汉市园林局"绿色驿站"资源，获得价值 1200 元的绿植花卉捐赠，20 组亲子家庭参与其中，对绿地裸露区域进行修复，并进行养护认领，推进共同管理。

"如果看到有人破坏绿地或营地设施怎么办？""我们不同楼栋可以开展评比，看谁养护得更好。"在童心议事会上，针对共管共护公约的制定，孩子们同样脑洞大开，献智献策。最终，在社区党组织牵头下，物业公司、小区楼栋党小组和春泥志愿服务队组建了共管共护小组，对丛林营地设施和小区绿地开展"物业定期检修＋党员、志愿者动态巡护"的共管方案，向幸福家园 say hello。依托社区志愿服务积分体系，社会工作者对志愿者服务时长也进行积分管理，开展兑换激励，推动其常态化参与共管共护行动。

丛林营地　共同缔造

依托社区基金的资源整合渠道，先后链接长城物业、哈林创想美术馆、武汉市园林局"绿色驿站"、春泥志愿服务队多方参与，达成 5 万余元的共建资金，为丛林营地打造奠定经费基础。2023 年 1 月 11 日上午，在四新街道分管领导、社区党委书记、社会工作者和居民代表的共同见证下，"共享丛林营地"揭牌，丛林树屋、荡桥、攀爬网、滑梯、秋千等众多设施正式面向全体居民开放，迅速成为小区青少年儿童的打卡乐园。

"腾讯公益·五社联动·家园助力站"项目团队培育发展的青少年儿童志愿服务队——春泥志愿服务队，不仅从童心视角审视社区治理问题，也用行动参与美好环境与幸福生活的共同缔造，与物业、楼栋党小组组成了小区共管共护小组，推动公共环境有效改善和提升，居民矛盾得到有效化解，儿童参与社区治理的地位也得到了提升。

作为项目的焦点人群，在社会工作者的引导下，辖区儿童从最初的"破

图 6　孩子们在丛林营地欢乐玩耍

图 7　春泥志愿者对小区绿地进行养护认领

坏者",逐步转变为共建参与者、基金劝募者、建设打造者和环境维护者,最终也成为"五社联动"下的受益者,小区 392 名青少年儿童实现了家门口的丛林营地梦,也推动解决了小区公共绿地被破坏的问题。

儿童家庭说:孩子们非常喜欢,一放学就直奔营地,周末也有了好去处。一方面接触了自然,满足了探索欲;另一方面在跟同龄人玩的过程中,结交了不少新朋友,扩展了社交圈。

其他居民说:虽然家里孩子大了用不着,但丛林营地的建设确实极大地改善了小区品质,发到朋友圈很多朋友点赞,也很羡慕,并希望自己小区也能有这样的创意打造。

物业说:营地的建成获得了业主们的普遍好评,对长城物业的服务口碑带来不小提升。同时,该项目方案也有效解决了绿地反复修缮、反复破坏的问题,从长期来讲,节省了不少绿地修缮资金的投入。

社区反馈说:儿童是治理主体的重要构成群体,但在以往的社区治理实践中,总是想着怎样激发成年人的共建,一定程度上忽视了孩子们的独特视角和其对家庭其他成员的带动作用。现在,孩子们的加入也更有效地助推了社区未成年人保护服务体系的完善。

图8　小区儿童家庭代表向社区和社工赠送锦旗

【研讨题】

1. 面对社区治理中的复杂场景和多方主体利益掣肘时，如何有效实现多方需求平衡，进而引发"五社"间的高效联动？

2. "五社"各主体间如何联动，进而助力儿童友好社区建设？

3. "五社联动"助力儿童友好社区建设有怎样的模式和机制？

📁 案例分析

一、三个"相关性"，助力多方需求平衡

本案例中，社工进入社区时，"五社要素俱全，但缺少有效联动"，社区问题仍旧突出。那么如何破解此前"五社"要素在场却不联动的问题呢？社工何以促进五社联动起来，参与这个社区治理项目呢？本案例展现了社工是如何从利益相关性、价值相关性和情感相关性入手，促进五社要素联动，助力实现儿童友好社区建设的。

1. 利益相关性

在丛林营地打造经费的筹措中，社会工作者首先从利益强相关的物业公司着手，带着辖区儿童的心愿清单开启劝募工作。长城物业作为绿地中央广场的物业服务方，居民矛盾的发展对自身物业费收缴、居民口碑等都带来不利影响，因此，在社会工作者接洽中，项目经理积极采纳意见，并向总公司申请了 5 万元共建资金，支持丛林营地的建设。

2. 价值相关性

社区公共问题的解决是个长期过程，社会工作者认为，在资源链接中不能只局限在利益强相关者身上，还要进一步延展向更多居民群体。小区公共环境的改善，涉及每一位居民的居住品质。在居民动员中，社会工作者从"房价"这个居民普遍关心的话题展开，强调小区公共环境的改善与居民自身房屋整体价值或日常出租价值的关联性，引导更多居民提升对公共环境的关心与参与度。

3. 情感相关性

儿童作为当代家庭的圆心，环境的好坏对于孩子的健康成长至关重要。因此，作为该项目的主要服务对象，儿童及其家庭成员更加有意愿参与项目的建设。从议事参与到基金捐赠，再到共管共护，儿童成为推动项目发展的关键力量。

二、双重角色，助力儿童友好服务提升

在"五社联动"助推儿童友好社区建设中，社会工作者通过两重角色发挥其专业支撑作用。第一，儿童的赋能者。秉持以儿童为本的理念，以儿童全面发展为目标，根据儿童的特点，提供保护性、教育性、发展性服务，并重视儿童主体性发挥，构建儿童参与型社区治理体系。第二，"四社"的联动者。社会工作者以社区场景为平台营造儿童友好型环境，以社区慈善资源为助推实现在地儿童友好文化建设与资源筹集，以专业志愿者联动建构儿童社区教育体系，以儿童议事会与志愿服务队为组织载体促进儿童的社区参与，从而实现了"五社联动"助推儿童友好社区建设。

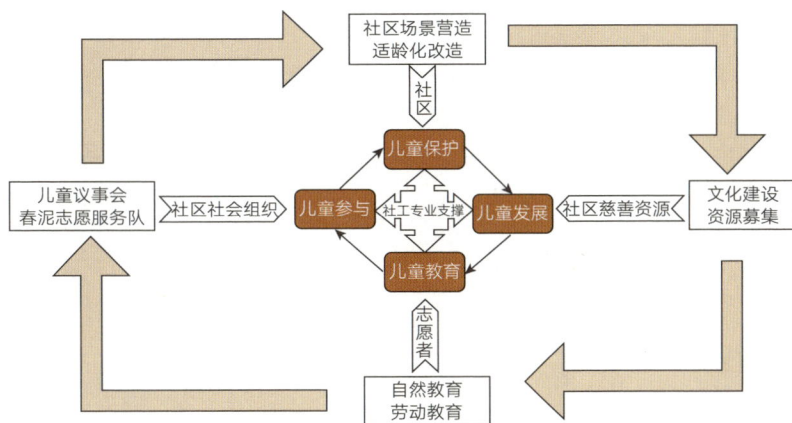

图 9 "五社联动"助力儿童友好社区建设的模式探索

专家点评

　　该项目旨在通过儿童参与社区治理的方式，推动公共环境的改善，同时解决居民矛盾，提升儿童在社区中的地位和影响力。这一目标设定明确，且符合社区发展的实际需求，具有积极的社会意义。在实施过程中采取了多种策略和措施，注重了儿童的参与和主体地位，同时也充分利用了社区内的各种资源，形成了有效的联动机制。在实施过程中，项目团队还根据实际情况不断调整和优化策略，确保了项目的顺利进行。从效果评估来看，该项目取得了显著的成效且具有较好的可持续性。

　　该案例在条理逻辑方面表现优秀。通过清晰的问题背景描述、核心挑战分析、解决方案提出以及预期效果与评估等环节的设置，该案例展示了从问题识别到解决方案制订的完整过程。同时，各个环节之间的逻辑关系紧密，相互支撑，形成了一个完整且有条理的分析框架。

协商共治人居环境　聚力振兴富美铜岭

——荆州市荆州区铜岭村打造基层治理新格局 [①]

📁 案例正文

【引　言】党的十九大报告提出要"加强社区治理体系建设，推动社会治理重心向基层下移，发挥社会组织作用，实现政府治理和社会调节、居民自治良性互动"，这是新时代对基层社会治理新的要求。

【摘　要】为贯彻落实乡村振兴发展战略，在荆州市、荆州区民政局等部门的支持下，荆州市蓝丝带青少年社会工作服务中心落实湖北省美好环境与幸福生活共同缔造活动要求，立足荆州区八岭山镇铜岭村现状，依托"五社联动·家园助力站——社区基金助推基层社会治理创新合作项目"，运用"五社联动"机制，提升了村民协商共治能力，解决了人居环境、交通拥堵等一系列问题，促进了旅游业等产业发展，初步形成了"共建共治共享"的农村社区治理新格局。

【关键词】协商共治　社区治理　共同缔造　乡村振兴

干群协商　共谋村务

铜岭村地处荆州古城与八岭山风景名胜区之间，辖9个小组，526户2705人，村民收入以水稻、花卉苗木种植和乡村旅游业为主。

"开会啦！"10月27日晚6时许，铜岭村红娘子志愿服务队队员金志玉与其他村民结伴走向村委会，参与"铜岭村全域国土综合整治项目共同缔造"

---

① 本案例作者为荆州市蓝丝带青少年社会工作服务中心储昕宇、王桂菊、江汉。

图1　铜岭村鸟瞰

共谋会，一起为铜岭村办"政事"。该项目建设内容涵括亮化、美化、绿化、净化等，涉及村委会及50多户农户。

"召集大家开这个共谋会，是想跟大家一起商讨，我们村哪些重点问题可以通过共同缔造项目来解决。"村党支部书记马聂抛出话题。

"村委会对面最后一排民房雨污分离工程必须实施。""连通三排楼房主次干道刷黑，待其他项目概算定后再议，但可先做设计。"村民代表、志愿者们

图2　村民、志愿者参加共谋会

热情高涨地发表自己的意见，有的村民代表边听边算农户出资比例。

"项目实施既要改善人居环境，也要改善生产条件。"马聂提议，村集体、农户共同出资焊制铁质柴火架。"这个好，解决乱堆柴火问题，利于卫生保洁。""还要建一个小型文化广场。"

······

矛盾聚焦　需求多元

2019年，铜岭村年接待游客40余万人（次），实现收入800余万元。2022年4月，"五社联动·家园助力站——社区基金助推基层社会治理创新合作项目"落户八岭山镇。

村里亟须解决哪些问题？驻站社工走村访户与乡贤、党员、村民等群体通过"闲聊"的方式收集需求。但社工在走访中总会被反问："村集体能解决问题？"

随着时间推移，铜岭村矛盾点初显：村恒荣梅园为扭亏为盈，曾承诺村民免费入园，现却凭票入园，村民很不满意。大伙儿认为，自己为配合建设恒荣梅园迁至异地，对方却背弃承诺。村干部多次调解未果，反被猜疑双方有利益往来。干群关系剑拔弩张。

村干部真没干事？其实，铜岭村"两委"班子人少，忙于行政事务。村民志愿服务队由村支书、村民代表和组长组成，缺乏社会工作经验。而村民则对村事务漠不关心，如村委会为解决村民乱挂乱晒衣物陋习，拟建公共晾晒场，但最终因难以达成共识而搁浅。

每年4月，正值赏梅季，村民沿路叫卖。但景区停车位有限，游客被迫停在村民家门前晒场，村民却按10元/小时至20元/小时收费。游客无奈只得随意停车，造成交通拥堵严重，游客们怨声载道。

矛盾焦点跃然纸上。村民希望村委会透明处理公共事务，提升乡村治理合力；解决人居环境散乱污、交通拥堵、停车难题，保障游客和村民安全出行；发展乡村旅游业，让铜岭村美、亮、净、绿起来，让村民富起来。

图3　村民在路边晾晒衣物

图4　铜岭村旅游季节交通拥堵状况

靶向施策 精准化解

尊重群众意愿，把主动权交给群众，优先解决群众急难愁盼。驻站社工、村干部、村民代表商议后实施三大举措。

建立村民议事协商机制。组织村民成立村民议事协商委员会、村务监督委员会，民主协商制定村务管理制度。村公共事务由村民议事协商委员会民主协商决策，村务监督委员会监督。

培育多元社会治理主体。驻站社工孵化培育社区社会组织、志愿服务队，建立志愿服务积分兑换制度，调动志愿者参与乡村治理积极性，形成协商共治合力。成立八岭山镇社区慈善基金，在省慈善总会"幸福家园"平台发起募捐项目，积极动员爱心企业、党员干部、社会爱心人士捐款，为治理人居环境提供资金支持。

积极协商共建规章制度。驻站社工积极与村委会、村民代表、志愿者协商，制定了《村民议事协商委员会工作职责及制度》《村务监督委员会工作制度》《金豆志愿服务积分兑换细则》等制度，规范了村民协商共治流程。

上述事项完成后，驻站社工运用村民议事协商机制调解处理积存的三大矛盾。

图5 社会工作者为村志愿服务队培训

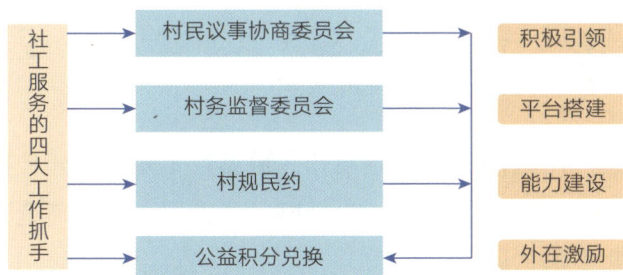

图6 社会工作服务总体框架

相互包容 化解村民梅园矛盾

　　驻站社工积极动员村民加入村志愿服务队，在景区进行秩序维护和线路指引，并义务担起景区部分区域卫生保洁工作，通过沟通协商，恒荣梅园也同意让当地村民免费入园赏梅。驻站社工"趁热打铁"，动员村广场舞队在恒荣梅园旅游旺季开展旗袍秀等表演活动，为景区吸引游客；恒荣梅园见村广场舞队带来了经济效益，主动提出为村广场舞队提供排练场地、扶持资金，双方实现了优势互补、资源共享，达成了深度合作的意向。

图7 村广场舞队在恒荣梅园门口表演旗袍秀

"五社联动" 合力整治人居环境

2022 年，荆州市创建全国文明城市，驻站社工顺势搭建社区慈善基金平台，发动结对企业、商超、爱心人士捐赠，尝试用"共同缔造"理念解决铜岭村人居环境散乱脏污问题。

2022 年 11 月 4 日，铜岭村"共同缔造"志愿服务队召开村民理事会，协商公共晾晒空间建设问题。议题细到晾衣架长、高及材料采购等。

最终商议达成以下意见：户装一根晾衣架，户均出资 100 元，村集体、社区慈善基金补贴不足部分；确定每户晾衣架安装区域和总体概算投入；采纳村民提出的"村民组队买材料"的建议等。

材料采购组进城货比三家，随时征求其他村民的意见。但新问题出现了，谁管农户集资款？经村民议事会商议，由村"共同缔造"志愿服务队负责。村"共同缔造"志愿服务队按区域分为 3 个小组，入户动员村民参与"共同缔造"活动。

"从'为民做主'转为'由民做主'，从晾衣架安装开始。"村党支部书记马聂说，铜岭村作为"共同缔造"试点村，积极动员村民、社工、志愿者参与村庄治理，形成了近邻友好的互助氛围，唤回了村民对"集体"的关注，

图 8 村民议事协商委员会讨论晾晒空间改造方案

图9　铜岭村晾衣架整齐划一

村委会遇到"大事"必开共谋会。

"以往村委会开会总感觉与自己没关系，通过社工、志愿者宣讲及社区社会组织活动开展，对议事态度发生变化。"铜岭村村民老刘说，如装晾衣架，大家担心材料成本，提出村民代表、志愿者走访市场比价；担心安装质量，提议由村民实施，省了材料费、人工费，保证了安装质量。而今，村委会通知议事，都是村民代表、志愿者先提问、说建议，议事协商积极性高涨。村民的态度从"干部干，群众看"变为"干部和群众一起干"。

积分兑换　化解景区停车难题

铜岭村村民与恒荣梅园之间的"积怨"化解后，解决停车难问题提上日程。

驻站社工倡议，经村委会与恒荣梅园协商，村民让游客在门前免费停车达8小时可兑换一张门票或其他物品，驻站社工负责组织实施。村务监督委员负责免费对游客停车真实性实施监督。此举提高了村民提供免费停车服务的积极性，其自觉地把门前晒场收拾得干干净净。

村务监督委员会对"如何维系此状态"展开讨论，出台了管理服务细则，即一车一位，村民提供停车服务时，将户主编号通过微信发给社工。接受服务车辆离开时，村民再将与车主合照发给驻站社工，以便完成时长记录。村

图 10   前往恒荣梅园的游客

民为吸引游客停车，泡起凉茶，免费供车主饮用。

赋能建制   持续引导

一年来，驻站社工立足铜岭村现状，自创"泡、跑、刨"工作方法。

"泡"是指与村干部交流，通过走访、与村民谈心、社区活动等与村民建立信任关系；"跑"是指到部门宣传汇报，争取区、镇等部门支持；"刨"是指拜访企业等，撬动慈善资源助力乡村振兴。

踏实干，群众看。在镇、村干部引领下，党员志愿者带领村民整治人居环境、落实"四包"责任。驻站社工结合家庭文明诚信档案建设开展宣传，月检、季评结果根据《金豆志愿服务积分兑换细则》计分，让志愿者的爱心得到"回报"。

创新社区与社会组织、社会工作者、社区志愿者、社会慈善资源的联动机制，开展邻里互助服务，社区文化氛围逐步形成。驻站社工依托"五社联动·家园助力站"项目，孵化培育了 3 支志愿服务队，运用社区慈善基金解决了部分村民急难愁盼；沿用"提事—议事—决事—执事—监事"流程，确保多元主体参与，形成民主决策、民主管理、民主监督氛围；通过微公益大赛调动社区社会组织参与社区治理的积极性；探索"志愿服务＋积分管理"

图 11　志愿者义务为恒荣梅园清理杂草

模式，以"精神激励＋物质激励"构筑"人人有责、人人尽责、人人享有"的基层社会治理格局。志愿者对志愿服务的理解得到升华，认为比积分兑换生活用品更有价值的是赢得村民、村干部的认可及村民的理解。

旅游振兴　旧貌换新颜

协商共治显成效，旅游振兴共致富

通过村民民主协商议事机制解决了村企矛盾，赢得了村民的支持，营造了良好的投资环境；3 支志愿服务队可独立开展公益活动；村民从旁观者转变为参与者，参与乡村治理积极性高涨；"五社联动"形成乡村治理合力，初步形成了共建共治共享的农村社区治理新格局。2022 年，铜岭村游客同比增长50%，村集体企业铜铃岗蔬菜主题乐园连续两年为村民分红 80 万元，户均 1.5万元，推动了乡村振兴发展成果人人共享的实现。

共治人居环境，铜岭村旧貌换新颜

走进铜岭村，晾晒区整齐划一，村容整洁。铜铃岗蔬菜主题乐园、恒荣梅园等景点游人如织。

图12　恒荣梅园治理后景观图

推广共治经验　示范作用渐显现

协商共治经验借鉴应用茶旅融合项目。铜岭村将协商共治经验应用到村庄茶旅融合项目，强化"党建+"载体建设，以"1+1+1"移动办公桌党建特色为抓手，采用"1+1+10+309"联动工作机制（第一个"1"即支部带头，第二个"1"即1个湾子议事会，"10"即10个职能小组，"309"即铜岭村茶场

图13　社区社会组织开展文化娱乐活动

309 人），村民被分设茶树种植等小组，召开多场茶园湾子议事会，商议茶园建设，达成共同意愿，平整土地 20 多亩，20 多户主动提出土地流转。茶树种植，采取村民自主经营、村委会托管的方式。在村民的决策共谋下，铜岭村八组借助现有的铜铃岗蔬菜主题乐园、铜铃岗森林水世界、恒荣梅园等旅游资源，以及自身基础，以"茶"为媒，投资 500 万元，拿出近百亩土地进行茶园建设，在"茶文旅"融合发展上进行有益尝试。在村庄人居环境提升与茶园开发利用中，激发了村民的主人翁意识，引导村民筹资筹劳，实现发展成果共享。

"红娘子"巾帼志愿服务品牌效应渐显。八岭山镇已组建 16 支志愿服务队，近 400 人。其中，八岭山镇"红娘子"巾帼志愿服务总队以农村困难老人和留守儿童为主要服务对象，并引领每个村成立"红娘子"志愿服务分队，将志愿服务覆盖全镇，解决了各辖区老人理发、早餐、陪伴及留守儿童学习辅导、文化生活、安全教育等问题。

图 14 "红娘子"为困难老人蒸馒头送早餐　　图 15 端午节"红娘子"为困难老人包粽子

【研讨题】

1. "五社联动"强调"五社"之间的资源共享、行动联动。乡村社区治理中如何让各方参与社区社会自治，打造共建共治共享社区治理新格局？

2. 社区志愿服务积分旨在调动志愿者参与社区治理与服务的积极性。当志愿者看淡积分兑换的物质后，如何保持他们参与社区社会创新治理的积极性？

3. 乡镇社区公益慈善资源获取途径狭窄，如何突破瓶颈？

案例分析

一、运用"五社联动"机制助力基层社会治理体系建设

"五社联动"参与基层社会治理优势在于协商式治理、服务型治理、发展型治理。八岭山镇社会工作服务站通过"泡、跑、刨"工作方法与村民、村镇干部建立信任关系，以服务村民需求，组织活动促进"联"；赋能村干部、孵化培育社区社会组织、发动志愿者参与治理促进"动"；以村民议事委员会、村务监督委员会、村规民约、公益积分兑换为抓手解决村现实问题，彰显"五社联动"机制成效，赢得群众支持。

基层社会治理要点在于乡镇、村居的能力建设。一般性的问题，基层民主和自主可以解决。遇到相对尖锐的问题，社会工作等力量需要在党政的指导下开展工作。这需要处理好党政领导和社会力量参与之间的关系；社会力量要领会政府政策，在法律和政策规范指导下开展活动。党政也要为社会工作（社会力量）参与基层社会治理畅通参与途径，要根据社会力量的特点和优势，为其开辟参与渠道和空间。

街道（乡镇）和村居负责人负有重要责任，社区怎样认识和发挥自身"平台"作用很关键。在基层社会治理中，"优势主导"应该是多主体协同参与治理的基本原则，并建立制度化的多方联动机制——"联席会议"制度，从解决基层民生问题到基层社区治理，再到基层社会建设（社会治理能力建设）。

二、调动居民参与对社区慈善基金发展具有重大意义

社区基金强调"发现"，以回应居民诉求、打通治理堵点等为导向策划项目，激发邻里之间的守望相助、社区共同体精神，链接爱心资源，破解群众急难愁盼。

铜岭村驻站社工借助荆州市创建全国文明城市契机，发挥村民议事协商委员会、村务监督委员会作用，调动群众积极参与晾衣架安装工程。无论是

社工、村干部还是实施者、参与者，过程公开透明，解决了群众乱晒衣物的问题，实施过程中增加了居民的交流互助机会，增强了居民归属感和认同感，为构建人人有责、人人尽责、人人享有的社会治理共同体添砖加瓦。

实践中，以党建引领为核心，发挥基层党支部统筹和村民议事协商委员会、村务监督委员会作用，形成"社区发现需求、社工策划项目、社区社会组织实施、社区公益慈善资源支持、社区志愿者参与"的"五社联动"服务机制，能够高效解决社区问题，较好地满足群众多样化、个性化需求，让民生保障更有质量，让基层治理更有温度。

三、社会工作者在基层治理创新服务中具有专业优势

开创社会共同治理新局面，核心在"共同"。随着社会工作专业在社会工作中作用的发挥，社工扮演了众多角色。

八岭山社会工作服务站社工在治理铜岭村人居环境过程中，既是倡议者、服务者、支持者，也是协调者、资源筹措者、实践者、研究者等。他们慰问困境群众，组织活动满足村民文化生活需求；调解村企、干群关系，倡导协商共治等理念；链接资源改造晾晒空间，解决人居环境散乱污问题；等等。

发挥社工专业性是建设"五社联动"机制目标之一。但是，政府购买服务年度项目制难以实现跨年持续，导致社工无法嵌入社区情境。这与社工贴近社区、关注居民需求、链接资源开展相悖。

专家点评

该项目整体目标明确，符合乡村振兴战略的发展方向，有利于提升村民的生活质量和促进地方经济发展。通过项目实施，铜岭村的人居环境、乡村旅游业、村民的自治能力等方面都得到改善和发展。

该项目案例体现了"共同缔造"的理念和群众参与的重要性，对于推动乡村振兴具有重要意义。通过深入分析项目的背景、执行、成效与存在的问题，可以为类似项目的实施提供有益的借鉴和参考。

该案例在条理逻辑方面表现出色，从背景、问题、解决方案到实施过程

和成效展示，都呈现出了清晰、连贯、深入的特点。这种条理逻辑的严谨性，不仅使案例本身更具说服力，也为其他地区的基层社会治理创新提供了有益的借鉴和启示。

从"空间再造"到"关系再造"

——武汉市江岸区百步亭社区老旧小区改造 [①]

💼 案例正文

【引　言】2018 年 3 月，全国老旧小区改造工作座谈会重点提出，要抓好"共同缔造"，发动群众共谋、共建、共管、共评、共享，建立长效管理机制。随后，2019 年和 2020 年的《政府工作报告》均进一步强调了推进老旧小区改造和更新的重要性。基于这一背景，采用城市更新与社区营造的理论方法，对城市老旧小区进行改造，已成为全面提升城市发展质量和居民生活品质的必由之路。

【摘　要】本案例以公民参与理论为基础，以协同治理理论为指引，立足武汉市江岸区百步亭社区温馨苑罗马广场及其周边空间营造的现实需求，以"五社联动"为主线，在社区党总支的引领下，社会工作者积极链接社会慈善资源、发动社区志愿者、协调社区社会组织以及广泛动员社区居民共同参与罗马广场的焕新改造及温馨花园的建设活动。在这一过程中，一方面围绕阵地建设，通过丰富的社区活动吸引更多居民走出家门，关注社区建设与发展；另一方面，以罗马广场及温馨花园为平台，着力营造温馨的社区生活氛围，唤醒社区居民对美好生活的向往，有效缓解疫情带来的负面情绪。这一举措不仅为社区未来的重建提供了必要的资源、安全保障与社会支持，更促进了社区成员之间的了解加深、联系增强和社区成员的情绪健康发展。

【关键词】社区营造　"五社联动"　三张清单　议事协商

---

①　本案例作者为武汉市江岸区红雁社会工作服务中心常晓丽，督导为武汉市江岸区红雁社会工作服务中心总干事夏玮，由华中师范大学社会学院周小帆老师指导。

小区旧貌焕新颜　巧手童心绘制美丽家园

"感觉就像新小区一样。"2021年12月12日上午10点，在武汉市江岸区百步亭社区温馨苑内的罗马广场上，温暖的红，静谧的蓝，生动的绿，各种色彩交织在一起，营造出热闹非凡的氛围。这一天，正是这个小广场"焕新服务"项目竣工交付的日子，居民们早早便三三两两地聚集在此，相互打着招呼，闲唠家常。

罗马广场能如此牵动居民的心，自然有其特别之处。这不仅因为它是百步亭社区首个运用"五社联动"机制，引入社会慈善资源进行公共空间焕新的项目，更因为罗马广场的二次焕新方案，就出自居民之手。

韩心雅，是居住在温馨苑的一名小学生，也是罗马广场竣工交付仪式上的"小明星"。2021年9月，她得知社区内正在举办"百步亭·社区焕新设计赛"，面向7~15岁的青少年征集罗马广场的焕新方案。怀揣着对经常去玩耍的罗马广场的新期待，她拿起画笔积极参与设计。当得知自己的设计图荣获比赛一等奖，且罗马广场也将依照她的设计图进行焕新美化时，她激动得整晚都难以入眠。

2021年5月，武汉市江岸区红雁社会工作服务中心成功将"腾讯公益·五社联动·爱满荆楚"项目引入百步亭社区温馨苑。

图1　罗马广场竣工交付仪式

温馨苑位于湖北省武汉市百步亭社区二居委会，是一个居民总数超过万人的大型社区。然而，长期以来，苑区内的绿化环境不佳、设施老旧等问题一直困扰着物业和居民。一天早上，社区支部书记贾芳邀请项目社工常晓丽和物业经理陈向东一同在社区内漫步。在这个过程中，项目社工发现温馨苑内出现 34 处绿化损毁、水土流失的区域。更为严重的是，由于物业修剪行道的不当操作，还引发了楼上和楼下居民之间的矛盾，最终导致物业经理辞职。

为了深入了解社区居民的需求，项目社工通过问卷和访谈的形式对社区居民、志愿者和社区工作人员进行了调研，并将收集到的需求整理成清单。

1. 活动开展需求：由于缺少较为平整的活动空间，居民很少下楼活动，导致邻里关系日渐疏远。

2. 服务阵地建设需求：活动的开展离不开阵地的建设。作为一个有着 20 余年历史的老旧小区，硬件设施陈旧，区划功能缺失，影响了社区居民的参与和对社区发展的了解。

3. 环境改造需求：社工通过社区漫步和调研发现苑区内有 34 处公共绿地存在水土流失、绿化损毁的情况，而大部分居民对公共空间补绿和环境提升有着强烈的需求。

面对这些需求，项目社工拿着需求清单找到了社区支部书记贾芳寻求指导。贾芳书记建议："那我们召集各片区片长、骨干居民开个会，一起讨论下吧。"在社区"两委"的支持下，项目社工主持召开了第一次议事协商会议。会上，各片长、骨干居民积极发言，最后确定将罗马广场改造为服务阵地作为项目的切入点。

罗马广场，占地约 500 平方米，因独特的 12 根罗马柱而得名。然而，随着时间的推移，广场设施逐渐老化，加之疫情的冲击，这里逐渐失去了往日的欢声笑语。面对这样的情况，即便有项目资金的支持，罗马广场的改造也显得力不从心。那么，如何寻找社会慈善资源呢？

"多乐士，多彩开始"——这句广告语从项目社工的脑海中闪过。带着这个念头，项目社工联系了阿克苏诺贝尔油漆（上海）有限公司华中区域负责人俞琨。在沟通中，社工了解到该公司的"Lets colour 爱心开始"公益项目致力于用涂刷的力量为困难群体、家庭和陈旧社区打造全新的空间。作为华中区域的中心城市，武汉正是他们实施公益项目的理想之地，但他们期待的不只

图2　社工召集各方代表开展议事协商会议

是简单的涂刷工作。

接着，项目社工又组织了一场社区"两委"、骨干居民和社会慈善资源捐赠方的见面会，就罗马广场改造方案进行了深入沟通。会议决定以"百步亭·社区焕新设计赛"为契机，面向社区内7~15岁青少年征集100份罗马广场焕新设计稿，经过线下评审，优秀作品将被融入罗马广场的改造实施方案中。

为了扩大活动的影响力，项目社工争取到了"腾讯为村"的支持，将"百步亭·社区焕新设计赛"的投稿和投票环节转移至该平台。活动于2021年9月15日正式启动，但初期反响平平，前三天平均每天仅1人投稿，远未达到预期进度。项目社工随即找到机构项目部负责人王琳，希望借助机构的力量在百步亭社区内进行推广。王琳迅速联系社区妇联、团委及青少年专干，协助确定参赛人员。项目社工则带着设计赛空白稿前往相关部门发放，最终在截止日期前共收集到99份参赛稿，吸引了1500余人参与线上投票。

2021年10月22日，"百步亭·社区焕新设计赛"的参赛作品迎来了线下评审环节。社区"两委"、晴野黄花书画队队长黄锦云老师、社区能人王颖、李娟以及多乐土色彩专家共同参与了评审打分，最终评选出6名优胜者，分

图 3　罗马广场焕新前

图 4　罗马广场焕新后

别获得一、二、三等奖。评审结束后，黄锦云老师感慨道："没想到社区里有这么多喜欢画画的孩子，真是后继有人啊！"

2021 年 12 月 12 日，经过一个月的施工，罗马广场终于迎来了竣工交付的日子。社会慈善资源捐赠方、社区居民、志愿者和社区"两委"共同见证了这一高光时刻。居民们纷纷在焕新后的罗马广场上打卡拍照，分享到朋友圈，向朋友们诉说着喜悦。现场的一位居民激动地说："温馨苑是百步亭最好的苑区，没有之一！"

荒地重现生机　"志愿绿"开拓苑区新园地

罗马广场的成功焕新，为社区注入了新的活力和希望。倘若能将周边的荒芜绿地转化为社区花园，那温馨苑的居民们无疑将拥有一个宜人的休闲场所。然而，关于如何实施这一项目，如何调动人力、财力与物力，还面临不小的挑战。

项目社工了解到，苑区内有一支经验丰富的绿色环保志愿服务队，他们的队长芦瑞珍不仅是一名老党员，还是志愿服务的骨干。在她的带领下，这支队伍已服务苑区10多年，他们每天以4人小组的形式清理白色垃圾，确保苑区的清洁与整齐。

"如果能将绿色环保志愿服务队队伍提升，服务内容由垃圾清理升级为园艺服务也许可行。"项目社工向社区支部贾书记提出了这一想法，并得到了她的全力支持。随后，芦瑞珍老师也被邀请参与讨论，最终大家一致决定招募热爱园艺、有奉献精神的低龄长者志愿者加入。

芦瑞珍发挥她作为片区片长的优势，与符合标准的居民和绿色环保志愿者逐一进行沟通，确保他们对即将开展的志愿服务有清晰的认识。苑区内的园艺达人王颖，其精心打造的平台小花园被誉为"人间仙境"，她曾多次表达希望能为社区绿化贡献力量的愿望。同时，来自民俗花灯工艺志愿服务队的王东红、中医世家的"都市老药农"刘建军，以及孙朝娟、宋美华等骨干志愿者也纷纷加入。于是，2021年9月28日，一支专注于园艺服务的温馨苑园艺志愿服务队正式成立。

这片荒地占地约300平方米，杂草丛生，土壤板结，而志愿者大多是退休人员，如何将荒地开垦成为他们面临的首要难题。项目社工再次与社区支部书记贾芳商讨，提出借助下沉党员和物业的力量，与志愿者们共同开垦荒地。这一建议得到了贾芳的积极响应。很快，在一个周末的早晨，贾芳扛着锄头，和下沉党员、志愿者一起翻土、除草，开启了荒地变花园的旅程。

至于花园建设的资金问题，在相关机构的协调下，项目社工成功与武汉市园林局绿色驿站项目建立联系，从而解决了经费短缺的问题。

"这片地闲置了多年，土壤已经没有什么养分，并且需要暴晒消毒和改良，最后才能种植。"刘建军说。他带领志愿者用锄头敲碎土块，用钉耙清除杂物，再撒上消毒药粉和有机肥料，经过一周暴晒后，荒地终于焕发出新的生机。

种什么，如何种，怎么才能找到第一手货源？园艺达人王颖不仅发动身边的花友向社区花园捐赠了21盆绿植，还绘制了一张社区花园景观规划图。

她向志愿者们详细阐述了自己的构想："社区花园强调的是人与景的互动，所以有一条小路贯穿其中。选择的植物都是比较耐贫瘠的品种，这里种月季，这里种欧石竹，这里种……这边放置一个拱门，栽上多花素馨。"志愿者们被这美好的蓝图深深吸引，满怀热情地投入社区花园的建设中。

在 2022 年的春天来临之际，社区花园已是花团锦簇、生机勃勃。居民们纷纷走出家门，欣赏这片绿意盎然的美丽景致。社区支部书记贾芳在朋友圈中写道：

图 5　社区支部书记和社区志愿者朋友圈截图

【研讨题】

1. 面对有限的项目资金，要实现项目目标，社工如何发挥专业优势，链接社会慈善资源参与项目服务？

2. 如何孵化和培育志愿服务队伍，并使之得以持续化发展？

3. 在社会治理项目中，社工如何盘活社区资源，动员居民参与项目服务？

案例分析

项目执行过程中，社工要提升"五社联动"参与的内生动力，就必须充分发挥"五社联动"的机制优势。

一、以社会工作专业人才为支撑，设计社区服务项目

回顾罗马广场焕新改造，项目的设计与执行充分展现了社工的专业能力。社工通过绘制社区资源地图和 SWOT 分析，帮助社区建立"三张清单"。这一方法作为项目设计的有效手段，对于激发社区社会组织、社区志愿者和社区内驱力至关重要。社工通过社区资源清单摸清现有资源，通过社区问题清单识别居民需求，并借助机构能力清单筛选出具有带动效应的服务项目。在此过程中，关键在于梳理清单内容并厘清三者之间的逻辑关系，以机构能力清单为纽带，联动社区资源清单，解决社区问题。

借助"三张清单"这一工具，社工充分发挥专业优势，为社区设计出最合适的公益项目。

二、以社区为平台，凝聚社区治理力量与共识

社区是资源宝库。在和社区"两委"、骨干居民、志愿者的访谈中，社工了解到苑区始终坚持以党建引领社区治理，治理基础坚实；群团组织多样化，居民参与治理意愿强烈，特别是长者群体，集体荣誉感强烈。居委会"两长四员"对苑区治理充满信心，骨干居民对社区治理的热情高涨。

通过建立自上而下和自下而上的沟通机制，社区"两委"对项目服务给予充分支持，积极推动项目服务，最终实现了居民及社区对项目服务结果的100%满意度。

三、以社会慈善资源为助推，提升社区服务水平

社工运用多元协同思维，将社会慈善资源的捐赠方视为服务对象，深入了解其捐赠目标，通过公益项目设计实现双方共赢。在与多乐士武汉团队的合作中，社工了解到该公司长期致力于公益服务，但是在武汉当地还未形成

彰显品牌社会责任的项目。经过沟通，双方以"百步亭·社区焕新设计赛"作为切入点，以罗马广场焕新作为载体，以"腾讯为村"作为线上平台，吸引更多社区居民关注品牌与社区建设。在社区的支持下，社工组织志愿者进行线上线下推广，最终吸引了99名参赛选手和1500余人参与投票，成功焕新罗马广场。活动成效受到多家省、市级媒体的宣传报道，扩大了多乐士品牌的影响力。

图6　社工与社会慈善资源通过公益项目实现双赢

社工与社会慈善资源建立了互惠互利的合作机制，注重合作共赢，既让受助者感受到社会的关爱，也让捐赠方看到公益的成效。

四、以社区志愿队伍为依托，促进社区公益服务常态化

社会工作者通过挖掘社区能人、动员关系、组建小团体、建立约定、培育孵化、规范化发展等步骤，实现了从志愿者到志愿服务队伍的整合。

在调研基础上，社会工作者在社区层面开展志愿者组织培育项目，获得社区领导、工作人员，以及志愿者积极分子的支持。项目启动前，先争取热心居民的参与和支持；随后完善志愿者管理制度，不断吸纳新成员；定期召开联席会议，提升骨干志愿者的领导力，并对志愿者进行专业培训；最后通过激励回馈和成果展示提升志愿者的价值感。

温馨苑园艺志愿服务队的成立，不仅倡导社区居民爱护环境，还搭建了居民交流平台，唤醒居民对美好生活的向往。

从"空间再造"到"关系再造"，红雁社工以环境改造为起点，通过资源整合、组织培育，率先实现社区、社会工作者"两社融合"，在党建引领下开展民主协商工作，尊重居民意愿，与社会慈善资源形成"双向互惠"机制，建立战略合作关系，并辅以各类"定向培育"举措，完成社区志愿者向社区社会组织的规范化转型。社工有效串联"五社"要素，将"五社联动"从工具蜕变为机制，探索决策共谋、发展共建、建设共管、效果共评、成果共享的社区治理方法，打造新时代共建共治共享的社会治理新格局，营造和谐社区氛围，增强居民的获得感和幸福感，共同缔造温馨家园！

专家点评

  在武汉市百步亭社区的温馨苑内，罗马广场的改造项目不仅是对一个公共空间的翻新，更是社区关系的深度重塑与激活。通过引入"五社联动"机制，项目成功链接了社会慈善资源，动员了社区居民、志愿者和社区社会组织的共同参与，缔造了一个充满活力与温情的社区公共空间。在这一过程中，居民们不仅参与了设计、施工和管理的各个环节，更在参与中加深了对社区的认知和归属感。这一成功的实践案例，为其他老旧小区的改造提供了宝贵的经验和启示。它充分展示了"五社联动"机制在社区治理中的巨大潜力和价值，证明了通过多方联动、共同参与的方式，能够有效解决社区治理中的难题，实现社区的和谐共治与可持续发展。

居民共建共享，建设学习型社区

——公安县麻豪口镇麻豪口社区打造社区街头书吧 [①]

📋 案例正文

【引　言】党的二十大报告指出，要"建设全民终身学习的学习型社会、学习型大国"。这不仅是我国经济社会发展的现实诉求，更是个体实现全面发展、终身成长的基本需求。

【摘　要】为实现建设"学习型社区"这一目标，必须普及现代终身学习理念、加强公共教育资源供给、加强学习型家庭和社区建设、推广全民阅读活动、构建和完善社会教育体系及终身学习体系。2022 年 4 月，"腾讯公益·五社联动·家园助力站"项目在公安县麻豪口镇麻豪口社区实施以来，重点围绕社区"急难愁盼"，通过"五社联动"，在社区创建一个公共学习场所——"社区红色街头书吧"，助力学习型社区打造，提升社区治理能力，推进美好环境与幸福生活的共同缔造。

【关键词】街头书吧　"五社联动"　共同缔造　志愿服务

缘起：居民的"学习梦想"

公安县麻豪口镇位于公安县东部，水陆交通便利，农产品种类多，养殖业和物流业比较活跃。麻豪口社区地处麻豪口镇集镇中心，户籍居民 1946 户、5013 人，常住人口 1600 多户、3500 多人，适龄学生近 1000 人。改革开放以来，麻豪口镇经济发展较快，2021 年综合实力跨入全县前三甲，但中心集镇基础建设发展缓慢，特别是公共文化基础设施建设比较落后。

---

① 本案例作者为荆州市春致社会工作服务中心龚霞。

2022 年 4 月,"腾讯公益·五社联动·家园助力站"项目在麻豪口镇麻豪口社区实施。执行机构与社区共同开展项目建设,重点解决社区居民急难愁盼,通过"五社联动",助力社区治理能力提升,推进美好环境与幸福生活的共同缔造。

社会工作者调查了解中发现,麻豪口镇中心城区没有一家图书馆或书屋。根据问卷调查统计数据,社区中小学生的节假日和课余时间,60% 以上用在上网吧和玩手机游戏上;95% 以上的学生家长希望孩子在假日时间能够做些有意义的事;30% 左右的居民希望能够在业余时间丰富精神文化生活,读书写字画画,或者获得一些实用知识,接受学习教育。但是,社区没有公共学习场所,缺少最基本的学习条件,不能满足少年儿童和居民的业余文化学习需求。

社会工作者分析认为,造成这些问题的原因主要有二:一是社区基础条件较差,目前没有公共学习场所。二是如果解决了场地问题,建成图书室,社区运营管理面临挑战。这些问题使社区感到压力太大,产生了畏难情绪,致使其长期没有得到解决。

社会工作者将调查情况与社区进行沟通交流,并建议召开由社区社会组织、志愿者、社会慈善资源、少年儿童及居民代表组成的议事会,集思广益,共同谋划。最后决定在社区创建一个公共学习场所——"社区红色街头书吧"。社会工作者综合各方面意见,形成了《社区红色街头书吧建设项目计划书》。

聚焦:街头书吧如何建

项目运用资产为本的社区发展理论,即挖掘社区现有资产,以资产介入社区需求,充分发挥资产价值,有效解决社区问题。服务的目标是创建社区红色街头书吧,解决公共学习场所问题;广集图书资源,解决学习资料问题;开展志愿服务,推进社区红色街头书吧持续运营。

在"五社联动"机制下,社区争取资产利用,完成场所硬件建设;社会工作者开展项目策划、方案制订、资源链接、培训指导;社区社会组织和志愿者开展公益慈善活动和志愿服务活动,宣传社区公益基金和社区书吧创建;

图1 改造中的社区红色街头书吧

社区慈善人士积极参加公益慈善活动，为社区红色街头书吧建设奉献爱心，助力社区书吧建设和运营。

争取地方政府资源

2022年5月，社区红色街头书吧项目建设启动，社区居委会向镇政府报送资产调拨请示，社区支部书记向镇相关领导和负责人宣讲项目建设的背景、意义、目的、内容和作用，描绘书吧发展蓝图。同年8月，机构社工介入社区红色街头书吧建设，组织评估论证，整体设计，提交《社区红色街头书吧建设项目计划书》。

经过多次沟通协商，镇政府最终决定，将麻豪口社区位于集贸市场旁的一栋商业住宅楼一楼门面屋共四间约300平方米，装修后无偿提供给社区使用。同年9月，"社区红色街头书吧"装饰装修完成并交付社区。

创建基金组建团队

场所有了，但没有图书。9月底，在社会工作者的推动下，麻豪口社区公益基金成立，搭建了公益慈善活动平台。同时，建立了社区资源清单、能力清单和需求清单，适时组建了5个社区社会组织，发展壮大了志愿者队伍，为"五社联动"项目推进和书吧建设提供了组织和人才保障。此外，执行机

图 2　改造完成后的红色街头书吧

构对社会工作者、社区干部、社区社会组织负责人及骨干志愿者开展了全面培训和增能指导。

10月，社区公益基金以"书吧创建"为主题在社区发起了首场慈善募捐活动。活动期间，社区干部、社区社会服务组织、社会工作者及志愿者代表以小组为单位，走街串巷，上门入户，积极开展募集宣传。

社区辖区单位和部门、慈善爱心人士及广大居民群众，对社区书吧建设给予了热情关注和大力支持。他们有钱出钱，有书出书，有力出力，自觉投入共同建设社区"学习家园"的活动中。活动持续5天，共募集善款3万多元，接收赠书8000余册。图书主要包括时政类、文学类、历史类、书画类、少儿类、政策法规类、实用技术类等，基本涵盖了少年儿童和居民群众获取知识的方方面面。

公益基金助推发展

2022年9月，社会工作者先后设计并指导开展了社区书吧创建、重阳敬老、大病患者救助、木兰拳队公益巡演等5场不同主题的慈善募捐活动，共募集善款6万多元。2022年5月，项目点以"社区红色街头书吧"作为湖北省慈善总会"五社联动·共同缔造"项目的子项目，参加全省第二届数字公益节慈善募捐活动，募集善款3万多元（含配捐2100元），至今，社区公益

图 3　在书吧广场开展的慈善募集活动

基金募集资金总额 9.9 万元。在社区公益基金的助推下，社区书吧已接收捐书近 1 万册，单项募集善款 6 万余元。社区公益基金现已资助社区书吧运营服务共约 1.5 万元。2023 年 1 月，社区书吧实现正常运营，机构社工退出项目，得益于社区基金持续助力，社区书吧志愿者队伍稳定，各类文化学习活动正常开展，运营质量和水平不断提升。

探寻：书吧运营共管共治

社区举办的第一届"少儿读书分享暨留守儿童集体庆生活动"，标志着社区书吧投入服务试运营。

通过试运营，社会工作者和社区干部认为，政府资产来之不易，应该使资产价值最大化。社会工作者应用嵌入式技术，将与公共文化学习相关联的板块都纳入其中。先后在书吧内设置了书画室、棋类室、文娱室和慈善小超市，形成了"一吧一市三室"的基本格局。功能设计主要是突出读书，强化写画，跟进教学，伴随文娱。在内部装饰上做到简洁明快，配色清新柔和，上墙内容精练贴切，烘托气氛，力求做到"小而精""小而美"，提高参与率和活跃度。

随着社区书吧服务内容增多，活动频繁，对书吧人、财、物的管理自然

图 4　书吧定期举办的读书分享和集体庆生活动

提上了议事日程。社会工作者运用"共同缔造"理念指导书吧治理，采用相信群众、依靠群众、组织群众、动员群众、服务群众，别人的事互助办，社区的事大家办的策略，通过协商议事解决管理难题。

社会工作者联合社区、媒体代表、居民代表等开展协商议事，共同决议组建社区书吧志愿服务队，由书吧志愿服务队制定书吧运营管理办法、管理制度、岗位职责及流程和规范，招募志愿者，对社区书吧进行日常管理。社区书吧实行定时或临时开放，每次开放日至少安排 2~3 名志愿者开展服务。

社区书吧面向社区全体居民群众，充分满足不同群体、不同年龄段对象的业余文化学习需求，书吧管理人员为服务对象提供接待、读书、交流和开展相关活动等一系列服务，不断提高社区书吧活跃度、社区居民的参学率和满意度。

同时，在社区书吧设置意见簿，对社区书吧运营管理广开言路，集体议事，实现要事共商，难题共解，成果共享。

【研讨题】

1. "五社联动"是一种全新的工作机制，社会工作者如何更好地运用"五社联动"机制在基层社区开展实践服务？

2. 社会工作者如何在"五社联动"中体现专业能力，发挥独特作用？

3. 在基层治理服务创新大背景下，如何确保"社区红色街头书吧"持续健康运行？

案例分析

一、项目设立和立项的合理性

社区红色街头书吧项目设计符合国家文化发展政策和方向，符合"五社联动"项目总体要求，是开展全民学习活动的具体表现。项目背景清晰，需求充分，建立在广泛调查的基础上，其需求既具有普遍的社会性，又包含特定层面的个别性，底蕴厚重，为项目实施打下了坚实的基础。项目建设能够有效填补社区公共学习场所的空白，塑造地方政府形象，提升文化品位。项目满足了广大少年儿童和居民群众的业余文化学习需求，为本地开展全民学习活动，响应建设学习型社区的号召创造了物质条件。因此，受到当地政府的高度重视和社会的大力支持。

二、运用"五社联动"机制参与项目的实践性

社会工作者运用"五社联动"工作机制，抓住项目关键即"社区公益基金创建"，深刻理解，大胆探索。社会工作者认为，社区公益基金开源引流，汇聚善资是基础，社会工作者设计项目，链接资源，提供指导是过程，社区和社区社会组织及志愿者输出服务，解决社区问题，提高社区治理能力是目的。

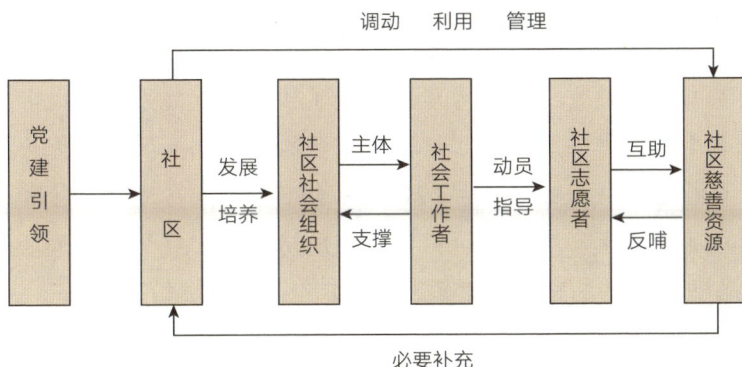

图 5 探索总结"五社联动"闭环模式

在此基础上，社会工作者明确目标和策略，运用专业理论和方法，提供全过程服务，指导社区发起公益募集活动，培育社区社会组织，壮大志愿者队伍，调动社会慈善资源及各方力量共同参与，多方联动，实现了共建共治共享。项目服务各要素分工明确，责任清晰，可操作性强。项目服务解决了社区的实际问题，实现了预期目标，获得了良好的社会效益。

三、项目持续运营的风险及应对策略

社区红色街头书吧在今后运营过程中可能存在危机和风险。随着"五社联动"项目试点结束和机构社会工作者撤离，社区书吧持续运营可能面临挑战。而确保项目持续运行的底层逻辑就是要建立起"五社联动"的长效机制，推进"五社联动"模式成为社区工作常态，充分发挥社区公益基金的补充作用，推进公益基金持续健康运行。以此保障社区书吧的维护管理、书籍更新、团队稳定、活动经常，使社区书吧磁性不减、温度不降，永葆活力。

此外，社区书吧在日常运营时也可能存在用电防火、卫生防疫、个人防护及环境影响等安全风险。因此，社区和社区书吧志愿服务队应该完善管理制度，创新运营模式，提高风险意识，促进书吧运行质量和水平不断提升。

📝 专家点评

本项目通过"五社联动"打造社区红色街头书吧，充分体现了社会工作专业在推动社区发展、增进居民福祉方面的创新实践。该项目不仅有效整合了社区内外资源，通过"五社联动"模式，成功解决了社区公共文化设施匮乏的问题，还激发了社区居民的参与热情，提升了社区治理能力。特别是社区红色街头书吧的建立，不仅为居民提供了学习交流的平台，也丰富了居民的精神文化生活，进一步推动了学习型社区的建设。社区红色街头书吧不仅成为麻豪口社区的一张亮丽名片，更是社会工作专业在促进社区和谐、增进居民福祉中的一次生动实践。这一项目的成功经验，对于其他地区的社会工作实践具有重要的借鉴和启示意义。

"共享菜园"，激发乡村活力

——鄂州市鄂城区杜山镇先台村创新社区治理①

案例正文

【引　言】2021 年 4 月，中共中央、国务院印发的《关于加强基层治理体系和治理能力现代化建设的意见》提出，"创新社区与社会组织、社会工作者、社区志愿者、社会慈善资源的联动机制"，进一步明确了"五社联动"在基层社会治理中的核心地位及其发挥的关键作用。

【摘　要】农村"五社联动"的推进策略与基层社会治理如何与共同缔造以及乡村振兴战略深度融合，成为当前乡村发展的核心议题。鄂州市鄂城区杜山镇先台村，紧跟时代步伐，以城市游客的多元化需求为导向，充分利用地理优势和丰富的农业资源，成功推出"共享菜园"项目。这一创新举措不仅为"五社联动"提供了新的实践路径，而且取得了初步成效。通过本项目，城市游客得以亲身体验田园生活，品尝到绿色、生态、新鲜的蔬菜，满足了他们对健康生活的追求；同时，农村闲置土地得到有效利用，农民收入实现了大幅增长，村级社会组织也迎来了蓬勃发展的机遇；志愿服务队伍不断壮大，公益基金逐步步入良性发展轨道，共同助力乡村振兴。

【关键词】"五社联动"　共享菜园　田园体验　志愿服务

---

① 本案例作者为鄂州市益赢社会工作服务中心余乙昌、李国营。

激活"五社联动"新机制

周末的傍晚，太阳还未完全落山，远处的天边早已是一片金黄，菜园也在余晖中披上了灿烂的色彩，放眼望去一片梦幻。人们陆陆续续来到菜园，他们有的种菜，有的除草，有的浇水，还有的摘菜，享受着劳动带来的喜悦和成就感。从人们的面相和穿着打扮可以看出，他们不像是农村人，一打听，原来是在这里认领菜园的城市居民。张阿姨是其中的一位，她笑着说："我是退休干部，住在鄂州城区，在这里认领了一块菜地，平时要带孙子，周末就来体验一下田园生活，带回去的菜不仅全家人能吃一周，还新鲜、生态，吃起来可口、放心。"站在"武昌五人组"牌子旁的赵大哥兴奋地说："我们来自武汉，休息时间就想来这里捣鼓一下菜地，这里不仅菜好，空气也新鲜，周边果园的水果也丰富，志愿者的服务很到位，'共享菜园'圆了我田园体验的梦！"

看到这些外来城市居民满意的笑脸，"共享菜园"的创建者们也深感欣慰，他们仿佛又看到了当初忙碌而快乐的创建历程。

鄂州市鄂城区杜山镇先台村位于鄂州西部，全村面积7.2平方千米，耕地6800亩，共有19个村民小组。该村地处武鄂高速杜山站出口，交通十分便利，进入鄂州市城区只需10分钟，到武汉也不过半个小时的车程，此外，美丽的九十里长港穿村而过，为这里带来了丰富的自然生态资源，使其成为理想的乡村休闲旅游目的地。

2022年，先台村的港岸游园建成后，不仅让附近的村民有了休闲的场所，也吸引了大量城市居民到此赏景游玩。一些城市居民在游玩的同时还找村民购买蔬菜，但由于村民的蔬菜一般自种自给，因此难以满足城市居民的需求。为了解决这个问题，同时让城市居民能够体会到田园耕种、亲近大自然的乐趣，并发挥农村土地的最大价值，村委会将这一问题纳入了重要议事日程。在村委会的领导下，鄂州市益赢社会工作服务中心以"五社联动"为抓手，开发了"共享菜园"项目，旨在促进城乡居民互动、产业联动和共同发展，共同缔造美好幸福生活。目前这一项目已经取得了初步成效。

图1　港岸游园吸引了大量城乡居民

以需求为导向，打造共享平台

为了稳妥地推动项目实施，益赢社工精心设计了《城市居民蔬菜种植需求调查表》和《土地流转意向调查表》，旨在广泛征求城乡居民意见。《城市居民蔬菜种植需求调查表》共发出100份，回收了86份，其中显示出有种植意愿的城市居民56人，占调查人数的65%;《土地流转意向调查表》发出26

图2　建设中的"共享菜园"

份,全部回收,结果显示所有参与调查的村民均愿意进行土地流转,占比达100%。

基于上述调查结果,先台村通过党总支会提议、"两委"会商议、党员大会审议、村民代表会议决议,并经过两次召开村民议事协商会议的讨论,最终决定将村委会附近的 10.4 亩村民闲置耕地流转作为首期城市居民蔬菜种植认领区,该区域被命名为"共享菜园"。随后,村委会根据村民代表会议的决议,与村民签订了土地流转协议,并投入近 50 万元资金,对流转的 10.4 亩耕地进行了整理,划分为自种、代种、采摘三个区域,共计 305 块,每块面积为 20 平方米。

发挥社工作用,培育承接载体

益赢社工组织驻先台村社工室的专业社工通过人力资源分析、社区访问、入户走访、定向招募和座谈咨询等一系列方式,成功培育孵化出一支由 30 人组成的"田园体验"志愿服务队,并承接了"共享菜园"服务项目。在益赢社工的指导下,"田园体验"志愿服务队与先台村签订了《"共享菜园"服务协议》,明确规定了服务时间、地点、工作任务、责任义务和补助金额。同时,他们还制订了《"共享菜园"服务方案》,明确责任分工、服务内容、服务流程、服务标准和服务方法。

先台村社工室的专业社工发挥专业优势,一方面策划宣传方案,利用共建单位、党政机关、企事业单位、新闻媒体在城区广泛开展宣传,并在城市

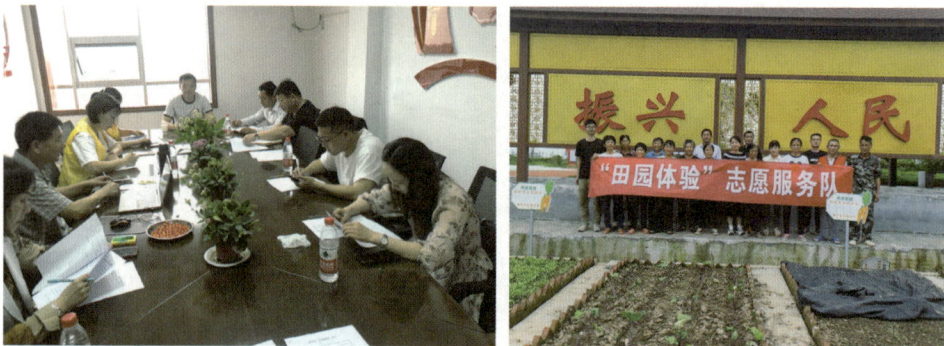

图 3 "田园体验"志愿服务队

图4　社工组织"田园体验"志愿服务队成员到城区开展定点推介

社区开展定点推介，以提高"共享菜园"在城市的知晓度。另一方面强化对"共享菜园"项目的评估和对"田园体验"志愿服务队的专业督导。通过设立意见簿、公布投诉电话，收集服务对象意见建议；每周组织一次现场访谈，集中听取服务对象的反馈；每月参加一次"田园体验"志愿服务队的服务活动，及时发现并纠正问题。此外，他们还制定了《"共享菜园"项目评估标准》，每季度对项目运行情况进行评估打分，并将评估情况通报村民委员会和"田园体验"志愿服务队。最后基于每季度的项目评估结果，先台村社工室的专业社工对"田园体验"志愿服务队进行增能培训，以提高其服务能力。同时，他们还针对社区社会组织的特点，开展行政性、教育性、支持性督导，旨在增强其工作的计划性、连续性，使其端正服务态度，提高服务技能，并增强服务信心；每季度，他们还组织一次由"两委"成员、"田园体验"志愿服务队和服务对象代表参加的座谈会，分享心得、总结经验、指出不足，以促进项目的持续改进和优化。

激发志愿者参与，织密服务网络

"田园体验"志愿服务队自组建以来，一直秉持自主独立运行的原则。他们精心制定了一套完善的机制与流程，将志愿者分成7个组，每组包含四五名成员，每天轮流承担"共享菜园"的技术指导和日常管理工作，以确保"共

图 5 "田园体验"志愿服务队在耕种

享菜园"能够按季节与认领者的要求进行蔬菜的种植和收获。首先,志愿者团队每天对自种区进行巡查与登记,确保及时浇水,一旦发现菜地长草,蔬菜生虫或缺肥等情况,会及时通知认领者,并根据认领者的要求有偿处理。同时,根据蔬菜的生长情况,志愿者会及时通知并协助认领者采摘。其次,在托管区,志愿者除完成自种区服务管理任务外,还根据认领者要求,进行土地的翻耕、蔬菜的种植、除草、浇水、施肥及除虫等工作。最后,在采摘区,除组织志愿者进行耕种外,还每天轮流安排两名志愿者值班,负责菜地的日常管理,包括外来人员蔬菜采摘接待与销售等日常工作。此外,每季度还会开展一次示范菜园评选活动,对评选出的示范菜园的认领人进行张榜公布,并给予一定的土特产奖励。

公益慈善力量助推服务升级

2019 年,先台村就建立了村级社区公益基金,但自当年一次性筹集资金后便面临资金来源枯竭的困境。然而,"共享菜园"项目的实施,为先台村社区公益基金的常态化、持久化筹集开辟了新的途径。自"共享菜园"项目启动当月起,先台村通过该项目筹集社区公益金近 3 万元。短短半年间,已累计筹集社区公益基金超过 7 万元。这些资金的筹集为先台村"五社联动"模式的实施、基层社会治理的推进和共同缔造的实现提供了有力的资金支持。"共享菜园"项目设立后，先台村将筹集的资金全部转入社区公益基金账户，并明确了资金的主要用途：一是支付农民耕地流转的租赁费用；二是用于采摘区的土地翻耕、菜种、菜苗、农家肥、无公害农药等日常支出；三是为"田园体验"志愿服务队提供必要的补助；四是支持村级社会治理工作。

先台村"共享菜园"的创建，不仅满足了附近城市居民的需求，也促进了城乡互动，盘活了闲置土地，农民的纯收入从原来的每亩不到 1000 元，大幅提高到 5000 多元。同时，这一项目还激发了村民加入社区社会组织的热情。在不到半年的时间里，村里就组建了包括老年协会、爱心妈妈等在内的 8 支社区社会组织，加入这些组织正逐渐成为村民的新风尚。2023 年 4 月 20 日，市民政局在先台村召开了"五社联动·共享菜园"成果推广研讨会，旨在向全市推广先台的成功经验。中南财经政法大学等有关专家、学者和社工组织也先后到先台村实地考察，总结经验。2023 年 8 月 10 日，《中国社会报》以《"五社联动·共享菜园"促进城乡互动发展》为题，大篇幅报道了先台村的经验和成果。

图 6 《中国社会报》报道

【研讨题】

1. 在"五社联动"实施过程中，专业社工应扮演怎样的角色？

2. 志愿者队伍应如何组建？本案例中志愿者队伍能做到常态化、持久化运作给了我们哪些启示？

3. 结合本案例和本地实际，"五社联动"如何打造符合当地特色、满足居民需求的品牌项目？

案例分析

一、"五社联动"应重点在"联"字上做文章

"五社联动"并非仅仅作为基层社会治理的一个组成内容或目标，而是作为一种重要的、有效的机制、手段和方法。具体而言，在基层社会治理工作中，特别是在问题治理和公益服务项目中，我们必须通过"五社联动"的机制和方法，确保治理和服务的各项政策、制度、内容得到有效的贯彻和落实。

"五社联动"要求我们在基层社会治理工作中，特别是问题治理、公益服务过程中要以社区为平台，以社会组织为载体，以社会工作专业人才为支撑，以社区志愿服务队伍为依托，以社会慈善资源为助推。"平台"的作用主要体现在需求收集、资源链接、阵地提供、组织协调上；"载体"的作用主要体现在项目承接、队伍的服务管理上；"支撑"的作用主要体现在方案策划、社区社会组织培育孵化、志愿者招募和督导考核上；"依托"的作用主要体现在项目的具体实施上；"助推"的作用主要体现在资金、物资的筹集和资助上。本案例中，社区、社会组织、社会工作专业人才、社区志愿服务队伍、社会慈善资源各司其职，准确领会联动理念，把握"联动"实质。

二、动员和组织群众广泛参与，实行项目化、常态化和持久性运作是"五社联动"的生命所在

在社区服务中，项目化服务尤为关键。这意味着要将社区居民的需求和社区治理中需要解决的问题转化为具体的项目，并通过常态化、持久化的运

作来满足社区和居民的需求。项目化运作的流程包括社区发现居民需求，专业社工培育社区社会组织并进行专业增能和督导，社区社会组织承接服务项目，社区志愿者具体实施服务项目，社会慈善资源助力服务项目。本案例在打造服务项目、开展志愿服务方面进行了有益的探索并积累了成功的经验。

三、以需求为导向，着力解决群众"急难愁盼"的现实问题

基层社会治理的基础是自治，核心是服务。在提供服务时，我们必须以居民需求为导向，避免脱离实际强加服务给居民，要确保居民感受到被服务的温暖。社区服务要做到服务需求来自居民，服务主体来自居民，服务评判来自居民。本案例在了解到群众有种菜需求后，及时开展需求调查，并基于群众需求策划服务项目，充分体现了需求导向的原则。

专家点评

该案例展示了鄂州市鄂城区杜山镇先台村通过"共享菜园"项目成功激活乡村"五社联动"新机制的创新实践。这不仅体现了基层社会治理与乡村振兴的有效结合，也彰显了城乡融合发展的新思路。先台村"共享菜园"项目巧妙地将城市居民对田园生活的向往与农村闲置土地资源的利用相结合，既满足了城市居民对于绿色、生态食品的需求，也提升了农村的土地利用效率和农民的收入。通过"五社联动"机制，该项目有效整合了社区、社会组织、社会工作者、社区志愿者和社会慈善资源，形成了多方参与、共同治理的良好局面。这不仅提升了乡村治理的现代化水平，也为乡村振兴提供了新的动力。该案例具有很强的示范性和很高的推广价值，值得各地借鉴学习。

以点带面，创建普惠型乡村公益

——浠水县关口镇凝聚服务共同缔造①

📁 案例正文

【引　言】"中华慈善总会·五社联动·志愿加油站"（以下简称"中慈志愿加油站"）社会工作服务项目在基层党组织的领导下，强调运用"五社联动"机制，壮大志愿服务力量，促进志愿服务发展，丰富文明实践活动，从而不断提高基层社会治理水平，营造社会互助氛围，促进人与社会的可持续发展。

【摘　要】本项目坚持党建引领，不断强化"五社联动"的治理优势，依托"专业化""本土化"两支力量，联动"五社"资源，推行社区社会组织"微公益"大赛计划、志愿服务骨干赋能计划、乡村社区文明营造计划"三大计划"，突出项目实施的"普惠型""内生型""参与型""持续型"的"四型特质"，充分彰显新时代推进"五社联动"发展的"共同富裕""群众路线""人的发展""合作治理""公益愿景"五大主题，探索构建形成以"党建引领＋五社联动"为显著特征的"12345"共同缔造模式，服务活动受到群众好评和社会的广泛关注。据不完全统计，民政部《中国社会报》《湖北慈善社工》及各类媒体刊发活动新闻信息40多篇，取得了良好的社会效益，积累了宝贵经验，也为今后持续推动公益志愿事业发展打下了坚实基础。

【关键词】五社联动　以点带面　普惠型　乡村　志愿服务

---

①　本案例作者为浠水县现代社会工作服务中心董惠敏，督导为田新朝教授，由浠水县民政局党委副书记、副局长陈向勤，关口镇党委委员余小龙指导。

坚持党建引领一个核心，依托两支力量

乡村社会治理需要"五社联动"

黄冈市浠水县关口镇行政区域面积 218.72 平方千米，辖 74 个行政村，2 个村级单位，人口近 10 万。当地农村可用土地资源相对较少，村级集体资产与收入相对不高，村民的生活水平亟须提高。项目组前期调查发现，村民的公益志愿服务需求相对强烈，尤其是针对留守老人、儿童、妇女及村居环境清洁卫生方面服务的需求相对集中。但当地公益志愿服务供给体制不完善，干部群众的思想意识和服务能力有待进一步提升，部分村的志愿者各自为政，志愿服务短期性、随意性强，开展活动难以形成合力。经分析，主要问题在于当地基层协同治理体系有待完善，没有建立起系统性的志愿服务激励与管理机制，社会工作服务尚未进入基层服务场景，社区社会组织未能有效组建与发挥作用，公益慈善资源未能激活与有效利用，村居"两委"的参与活力与能力有待提升，基层治理优化急需引入外部资源力量带动与激活当地的资源。

坚持党建引领积极应对问题

针对前述问题，在湖北省社会工作联合会、黄冈市民政局、浠水县民政局和关口镇政府指导下，浠水县现代社会工作服务中心和有关村"两委"始终坚持党建引领，发挥多元社会治理参与主体的功能，始终强调基层党组织引导、党员带头，在村居"两委"协同下，充分激发村民的主人翁意识，注重发挥多元化社会资源优势，强调激发干部群众参与积极性。县民政局领导先后 8 次带领社工深入关口镇村开展现场调研，针对公益志愿需求和供给的实际状况，将"五社联动"与"党的二十大精神"宣传、"美好环境与幸福生活共同缔造"、乡镇社工站建设、关爱困难群体、爱国卫生运动等重点任务相结合，推动党群中心工作任务与当地实际情况融入"五社联动"共同缔造愿景与服务目标中；向镇、村有关负责人员面对面讲解新形势下的社会工作、公益志愿政策精神，播放视频讲座《如何最大化发挥五社联动作用》；基于浠

图1　牌楼湾村志愿服务队开展关爱未成年人活动

图2、图3　二圣庙村微公益——儿童助学活动

图4　盐港村儿童展示"成长营"
活动绘画作品

图5　盐港村开展关爱老人与
儿童"贺元宵"活动

水县闻一多"红烛精神"，推行公益营销，打造以"红烛同心 共同缔造"为主题的微公益服务品牌，强化红色公益形象。

依托两支力量整合工作资源

其一，发挥专业化能力。执行项目的浠水县现代社会工作服务中心不仅是服务力量，更是城乡社区推进本土化社会工作服务、发展本土志愿者、推进社区志愿服务等各类公益慈善力量成长的"播种机"；在省社会工作联合会的多次培训指导下，项目社工注重向当地干部群众传播社工方法、"五社联动"理念，努力形成"星星之火，可以燎原"之势。积极主动嵌入当地生活、生产氛围，面向村民群众发放调查问卷，使社工服务项目内容紧贴村民实际状况和迫切需求，在契合当地实际需求的基础上，以专业优势赢得群众信任。

其二，构建本土化机制。项目团队注重引导与支持村"两委"干部、社区志愿服务组织骨干学习社会工作与公益志愿专业知识，促进社区日常工作与"五社联动"工作融合，通过推动环境发展、社会治理、访谈、社区工作、公益慈善动员、社会政策法规、文书档案管理、社会动员等专业知识技能辅导，树立"互助共生"的社区价值理念，倡导培育乡村村民互助精神和自我成长，强化"五社联动"服务内容与社区环境共融、服务网络结构和社区群众适应，进而提升本土化社会工作服务能力，也让村民群众体会到参与集体活动带来的效能感。

行动做法：积极推行"三大计划"

推行社区志愿骨干赋能计划

为提升当地主动参与"红烛同心 共同缔造"社区微公益创投大赛活动的专业化水平，增强本土公益骨干人才的发展能力，浠水县民政局领导、关口镇政府领导和项目团队"面对面""手把手"地辅导8个村的16名公益志愿组织骨干提升能力，进而再由这16名骨干带动所在村的数百名志愿者开展活动。

一是进一步增强公益志愿服务价值理念。召集8个社区社会组织领队开展三场"红烛同心 共同缔造"大赛培训活动，讲解公益志愿的时代背景、社会价值、实践模式、志愿方法等，不断强化思想认知，进一步明确新时代公益目标。

二是进一步帮助各公益组织骨干厘清志愿服务工作思路，优化项目活动设计，以目前存在的痛点、难点为切入点，厘清公益志愿服务活动的方向和可达到的效果，支持其进一步明确公益发展方向和活动设计方法，提升公益价值理念。社工还发布《入户探访工作指引》《志愿服务爱心积分兑换标准》供各村参考使用，指导各村开展入户探访关爱特殊人群工作和做好志愿积分兑换工作。

三是现场"手把手"地指导做好项目已开展活动的档案记录与整理工作，

图6 微公益志愿服务大赛总结表彰暨推广培训会

图7 社会组织领队集体研讨乡村公益发展路径

就社区志愿服务活动记录、志愿服务团队注册、志愿者信息录入、公益志愿专有名册解释等进行讲解，进一步提升参赛团队的公文写作能力、项目总结能力、公益倡导能力等。

推行社区社会组织"微公益"大赛计划

项目团队与镇领导、村"两委"和村民代表协商，围绕村民关注的问题设计微公益大赛方案；8个村在"红烛同心 共同缔造"微公益大赛引导下，坚持公益志愿核心价值的一致性和服务活动的个性化来设计大赛项目。推行"慈善＋社工＋志愿"模式，社工发挥专业设计优势，依托浠水县慈善会关口镇（社区）公益基金平台，为社区公益发展提供更加有力的制度支持和平台支撑。村社区社会组织制订公益慈善资金募集草案，引导乡贤和爱心人士捐赠慈善基金8.5万多元，支持村志愿者开展了30场公益活动。

二圣庙村用"村级事务积分制"创新管理模式，推行"红基金"负面清单管理，实行高年级学生带动低年级学生互帮互助模式；盐港村、金冲村推动志愿服务常态化，牌楼湾村推行"校—村—社"合作关爱未成年人模式。横山村引入乡贤能人和社区志愿组织把公益做实做好；双河村开展多样化便民生活服务，谈坳村关爱特殊人群、边缘人群做深做实，腊树村在关爱留守人群中激发其自强奋发动力。8个村推动美好环境共同缔造活动持续进行。

推行乡村社区文明营造计划

其一，强化塑造乡镇社工站角色功能。在地方资源投入相对有限的情况下，关口镇社工站在中慈项目组团队的支持下，在社工站制度建设、村居"两委"资源调动、服务场景塑造等方面发功发力，加强各村"两委"和志愿者能力提升，激发村志愿服务队内生动力，提出公益志愿服务活动的工作方向与活动操作实施指引，进行活动实施跟踪、效果分析、新闻宣传、工作总结，探索强化社工站的枢纽型、联动型、指导型、服务型等功能。

其二，推行乡村社区文化传承活动。通过推广"浠和社园""二圣庙"等公益志愿宣传微信公众号、挂条幅、电视台播放节目、网站新闻报道、社工和志愿者发传单等多种方式，进行宣传教育。谈坳村宣传倡导村民杨久红先进事迹（杨久红同志以"生活帮困团"小修小补服务社区居民，多次被中央电视台专门报道），在全村推行志愿助民服务活动。横山村、双河村开展义诊义剪活动，牌楼湾村、金冲村开展关爱特殊困难人群活动。特别是在春节、元宵节、清明节、六一儿童节、"七一"建党日等节日期间，志愿者开展"写春联送祝福"活动、"欢乐庆元宵，守望邻里情"传统民俗文化，以及绿色生态殡葬、防诈骗、老年人权益保障、老人领社保、未成年人保护等政策法规与办法规程宣传活动，积极引导村民树立文明道德风尚。

其三，推行乡村社区美好环境营造活动。8个村注重发挥党员带头作用，针对村道路障、路边垃圾、道坑等问题，动员村民积极清扫，修补道路，建设"整洁、舒适、美丽"的村庄环境，引导其养成良好卫生习惯，践行文明健康的生活方式，共同打造干净、整洁、舒适的宜居环境。比如，盐港村、双河村、二圣庙村等多个村在"七一"建党日当天开展"营造美好环境共同缔造"活动，"两委"干部、党员带领群众顶着烈日清扫村道，铲除废料垃圾，"志愿马甲"成为美好乡村社区营造的一道亮丽风景线。

【研讨题】

1. "中华慈善总会·五社联动·志愿加油站"服务内容和过程相对于其他社会工作服务项目，有何独特功能？

2. 在中西部地区社会工作服务资源难以全面覆盖乡村的情况下，公益志愿服务应该发挥什么作用？本案例对于推动中国特色县域社会工作服务发展有何启示？

3. 乡村公益志愿服务推进过程中，如何更好发挥本土资源要素的作用？社工可以提供哪些发展性支持措施？

案例分析

一、主要特色：深刻突出"四型特质"

（一）普惠型："独善善不如众善善"——微公益以点带面让更多村民受惠

"中慈志愿加油站"团队坚持"大公益"思想理念，强调"普惠型"公益志愿服务路径，坚持把社群需求作为第一标准，应"民之所向"。因此，在当地政府指导和关口镇社会工作服务站协同下，采取微公益志愿服务大赛的模式，将实施范围扩展到8个村，重点开展公益关爱、入户探访、环境清洁等服务。由此，更多的"两委"干部、社区志愿组织和骨干可以从项目实施中学习到知识、技能和公益理念，并且一个村的社区社会组织可以复制推广到该村的N个社区社会组织；当地N个村的社区社会组织，在影响更多人当中充分彰显公益志愿服务品牌。通过"普惠型"公益志愿服务模式，促进更广范围、更多人获得公益志愿服务，积极探索"共同富裕"道路上的公益志愿服务路径。

（二）内生型："授人以鱼不如授人以渔"——强调激发村民内生动力，从受助者向助人者转变

项目团队不仅从外部提供能力建设支持资源，更注重强调村民不仅是服务对象，还可以通过广泛参与集体活动来实现自我服务，从而成为服务主体。比如盐港村、横山村的多名残疾人和困难村民在受到帮助之后，主动参与环境卫生、入户探访老人等志愿服务活动，最终实现从"受助者"到"助人者"的转变。腊树村、二圣庙、盐港村等提供儿童假期课业和心理辅导志愿服务，开办"儿童辅导"与团体绘画活动，持续关注儿童的情绪、学习状态，一些家长和"大孩子"在参与活动过程中，学习到了如何辅导子女、弟弟妹妹的"小技能"。一些小朋友和家长在参加"以心筑梦 向阳花开"儿童生命教育辅导营后，不仅做好个人的安全防护与环境卫生，还到村道捡拾垃圾、爱护集体家园，跟别的小朋友讲要注意防溺水、用电安全，助人者的内在潜能在辅导中得到激发。

（三）参与型："众人拾柴火焰高"——推动形成良好的公益慈善氛围

项目强化与本土化情境的适应能力，注重更广泛的社会人群参与优势，搭建参与公益慈善的社区基金平台，发掘普遍性社会资源，从而促成乡村服务对象与"环境"的共变。关口镇及横山村、二圣庙村等引导武汉浠水商会、非公经济人士、党外知识分子联谊会及其他人士开展"浠商公益 爱满浠川"关心关爱"一小一老"系列活动、"爱心助学"活动，引导更为广泛的人群通

过爱心捐赠、走访、座谈等方式进行公益捐赠活动，为镇福利院关爱对象捐赠米面、食用油、肉等各类食品折合数万元，广泛动员居民群众、各类单位等为基层社会治理和社区公益服务捐赠资金，推动慈善文化和慈善理念深入人心，形成良好社会氛围。

（四）持续型："久久为功方显志愿公益"——培育引导社区社会组织成长和自我运营能力

一方面，在赋能中持续发展。项目团队不断引导"两委"干部、社区工作者等群体学习和运用社会工作专业方法，建立"线上＋线下"平台，搭建起社区志愿服务组织成长平台，推行志愿者培训体系；邀请社会工作领域专家、高级社会工作师开展新时代文明实践，"五社联动"，公益志愿政策法规，志愿服务价值与方法，疫情防控，志愿服务关爱心理健康、生理健康等主题培训，"两委"成员、社区网格员、志愿骨干约4000人次接受培训。

另一方面，在建制中持续发展。项目推行微公益志愿服务表彰活动，对8支队伍和优秀志愿者典型进行表彰，对慈善资金捐赠人致谢，激励了一大批志愿服务先进典型，激发了可持续的活力。参赛村在志愿服务活动过程中注重建立系统化、规范化的志愿管理体系，实施分值设置、积分登记、积分兑换、志愿表彰的"全链条"模式，志愿者们依据其记录在册的志愿服务时长获得积分，努力推动志愿服务从"有活动"转向"有制度""有体系"。

二、几点反思：充分彰显新时代"五大主题"

（一）共同富裕是"五社联动"高质量发展的价值追求

新时代共同富裕新要求下，应当让更多村居享受"五社联动"机制红利，让更多村民享受项目服务红利，而不是仅仅限于极个别村居和极少数群众，这是"五社联动"发展的价值目标。浠水县"中慈志愿加油站"项目在推行过程中，力图以有限的资源，借助"1+8+N"模式，努力覆盖到尽可能广泛的人群，让更多村居和群众受惠受益。

（二）发动群众是"五社联动"高质量发展的生命线

"中慈志愿加油站"项目从某种意义上来讲就是一项基层群众工作。项目团队始终坚持认为要依靠群众、相信群众、发动群众，并在实践活动中予以践行。活动开展中，当地"两委"干部和群众前期由于对社会工作了解不多，对一些实施方法和操作流程理解不深。对此，地方领导和社工们坚信每一名干部、每一名群众都可以成为"五社联动"的参与者、倡导者和支持者，只是在此过程中，地方政府部门领导、项目督导和社工的引导和培训至关重要，而不是要求本土骨干人才自动具备这些能力素质。为此，充分发挥基层党组织和党员的引领作用，8支社区社会组织全部由当地"两委"干部和村民组成，在接受社工专业培训之后，已经能够独立开展活动，并且取得成效。比如，一些志愿者骨干在志愿服务现场实操的同时也学会了做档案记录、宣传推广。

（三）人的发展是"五社联动"高质量发展的核心要义

"五社联动"是一种工作模式与方法，而其核心的要义在于促进项目实施地活动的各类参与个体和人群的成长与发展。机构督导、社工和志愿者协力同行，而对乡村无数个需要帮助的人而言，支持和激发其内生的自我改变动力才是解决问题的根本出路。因此，项目实施中，社工既强调培训引导与经验传递，为"两委"干部、社区志愿组织骨干提供学习和能力提升的平台，也注重以小组、社区活动的形式，为村民提供参与志愿服务活动的契机或自我疗愈与转变的平台。

（四）合作治理是"五社联动"高质量发展的有效模式

"五社联动"的本意在于"合作"。合作体现在"中慈志愿加油站"项目实施场景中方方面面的有机体中。项目团队认为"合作治理""五社联动"的合作场景和合作对象是自然形成或努力实现的。为此，项目推行中，实施"党员＋社工＋志愿者""志愿者＋公益慈善"等联动方式，"嵌入式"运用志愿者党建元素、社工元素、社区工作法等基层治理新模式。社工不仅与"四社"合作，也注重与乡镇社工站建设合作协同推进。合作不仅是服务场地的合作，更体现为工作路径、思路方法上的合作,"见物更要见人""见人更要见事",乡贤、社会资源等都是项目推动实施的重要合作对象,并且在合作过程中需要充分激活,助力构建乡村治理共同体。

(五)公益愿景是"五社联动"高质量实施的精神动力

公益事业精神是支撑乃至推动项目实施的重要动力。在项目推动过程中,工作人员面临从传统社工的小范围 1 个村个案工作、小组工作、社区工作跳跃到 8 个村 N 个服务场景,协同对象从 1 个村的"两委干部"扩散到 8 个村的"社区社会组织",由此带来服务对象从 1 个村的村民群众衍生为 8 个村乃至更多的"两委"干部、志愿者、村民群众。工作任务增多、工作难度增大。对此,当地民政部门领导、镇领导、社工没有退缩,坚持创新精神和责任担当,将项目实施作为推动基层治理创新实践的重要契机,克服农村工作的各种困难,努力探索新路径,推动乡村公益志愿使命和精神传播、影响到更多的人。

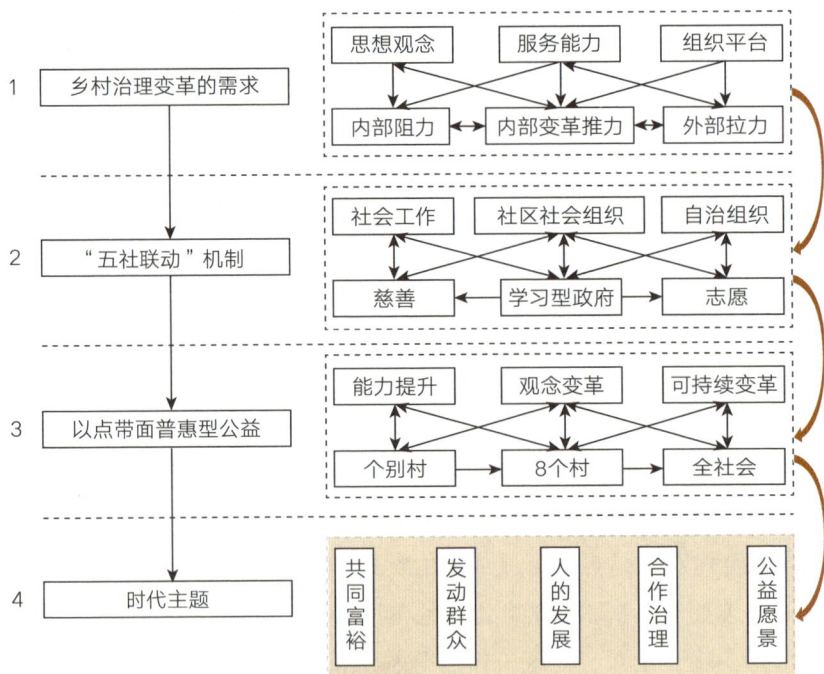

图 8　本项目的脉络结构

专家点评

　　此案例展现了"中华慈善总会·五社联动·志愿加油站"项目在推动乡村社区治理、公益志愿服务能力提升和文明环境营造方面的显著成效。通过实施"三大计划"，该项目不仅提升了当地志愿服务的专业化水平，还有效整合了社区资源，推动了乡村社区的全面进步。特别是"面对面""手把手"的培训模式，确保了知识和技能的精准传递，为后续公益活动的开展奠定了坚实基础。此外，项目还通过创新管理模式和开展多样化服务，提升了村民的参与度和满意度，为乡村社区注入了新的活力。该项目充分运用"五社联动"模式，形成了强大的服务合力。这次有益的实践充分证明了在中西部地区社会工作服务资源难以全面覆盖乡村的情况下，公益志愿服务应发挥弥补专业服务不足、激发村民参与自治和社区自我服务能力提升的作用。而志愿服务最重要的是要充分发挥"人"的作用，通过教育、激励等手段不断提高村民、志愿者的综合素质，为基层治理提供源源不断的动力。

社区公益基金类

幸福南湖，共同缔造

——武汉市武昌区南湖街道社区公益基金建设 [①]

案例正文

【引　言】《"十四五"城乡社区服务体系建设规划》强调，要"健全社会力量参与社区服务激励政策，组织实施社会力量参与社区服务行动，推动社区与社会组织、社会工作者、社区志愿者、社区公益慈善资源联动开展服务""鼓励通过慈善捐赠等方式，引导社会资金投向城乡社区治理领域"。

【摘　要】武汉市武昌区南湖街道是拥有 26 年房龄老旧房屋的纯居住型老旧街道，常住居民中老年群体和特殊困难人群占比 13.6%。社会工作者以建设社区公益基金为支点，撬动社区、辖区居民及商户、志愿者、社会组织等各方力量，为社区建设筹资、筹人、筹服务，打造社区公益基金品牌，营造社区公益慈善氛围，增强社区居民参与意识，助力社区治理，提升居民的社区参与感、归属感、幸福感。

【关键词】"五社联动"　社区基金　社会工作　志愿服务

老问题　新办法

武汉市武昌区南湖街道前身为南湖机场，占地约 2.67 平方千米，建有 28 个住宅型小区，3 个商业广场，6 个社区居委会，常住居民 65068 人，是拥有 26 年房龄老旧房屋的纯居住型老旧街道。60 岁以上老年人数量达 8341 人，其中空巢独居老人 925 人。此外，常住人口中困难老人 66 人、困难儿童 28 人、残疾人 348 人、在册低保户 42 户。

---

① 本案例作者为武汉市武昌区乐仁乐助公益发展与社会创新中心洪桢文、王婧祎。

因此，街道辖区的社区服务普遍存在如下问题：一是居民需求多样，无相应的服务资金匹配。二是社区服务偏行政方向，居民的专精需求无法满足。三是居民迁入原因多样、流动性强，邻里关系疏离，社区融入感不强。

2018年6月，南湖街道开始探索社区公益基金的落地与运行，并取得初步成功。2022年4月，依托湖北省慈善总会"幸福家园"平台，南湖街道办事处发起了"南湖街道社区公益基金"（以下简称"南湖街道社区基金"），其是由南湖街道社工站的驻点社会工作者结合街情民意，项目化筹建运行自下而上、广泛参与的社区基金，筹资是目标，通过筹资找到捐赠人、服务者、管理者是重要方向。通过社区基金的运营实现社区到街区的链接，动员整个街区的多元主体参与社区治理，形成"五社联动"的公益基金品牌。

"五社联动"　打通多维筹募渠道

推动多元力量参与，构建社区基金多元生态

结合南湖街道社区基金在南湖街道社会治理格局中的定位和作用，多元力量发挥了引导、催化、参与的多重功能。

1. 党建引领多元联动初合力

在党建引领下，南湖街道社区基金建设初期，街社联合撬动了区域化党建单位、商会、居民志愿者、社区企业、社会组织等群体和资源，在运营过程中联动激发这些群体的主观能动性，最终形成自下而上的多元化资源供给路径，打造社区基金治理协同化局面。

首届湖北省数字公益节是南湖街道社区基金自成立以来的第一个公募活动，街道撬动了两新党支部的4家单位、社区动员了26个网格党支部参与活动，最终有1217人总计捐款29725.02元。这4家单位在持续参与中也成为南湖街道社区基金筹募的主要力量。

2. 参与式捐赠激发相关方的主体意识，找准社区基金众筹内生动力

在社区基金运作的过程中，筹款用途决定了向谁筹、怎么筹。因此南湖街道社会工作者探索了参与式捐赠，即由社区基金的受益群体来提出他们的需求是什么，再以满足需求为目的筹人、筹钱、筹服务。在摸清公众需求的

过程中，公众也在逐渐理解公益慈善和社区基金的存在意义和实施的必要性，并成为社区基金建设的参与者。

在 2022 年探索社区基金建设的过程中，以南湖街道第五届"'了不起的居民'志愿服务项目"众筹大赛为载体，初期召集社区骨干、志愿者召开"社区参事"议事会，挖掘大家的共、急、难点。在有较为明确的需求方向后，社区、商户、组织借首届湖北省数字公益节举办的契机开通多个"一起捐"通道，共筹集 29725.02 元。最终，大赛征集并产出了多个如环境改善、民生服务、文化服务类、志愿服务力量培育类社区项目，以及新就业群体服务类和优化营商环境类的街道级项目，其中 4 个项目由社区志愿服务队承接，3 个项目以社会组织和社区志愿服务队合作的形式承接。

3. 营造社区治理共同体，强化相关主体责任意识

社区是在地居民、商家天然的"根"，社区基金最终还是要扎"根"，大家才会有更强的动力和更深入的参与。从首届湖北省数字公益节、99 公益日、"'了不起的居民'志愿服务项目"众筹大赛，到"武昌·南湖公益街"的打造，始终引导并强化居民和商家的主体意识、参与意识和责任意识，将社区基金建设与社区的归属感、荣誉感和责任感结合，形成人人筹款、多元参与的慈善氛围。从 2022 年 4 月至 2023 年 3 月，近 1600 人次的居民和商企居民捐赠了近 7 万元（包含物资），超过 600 人次的居民和商家以提供人力或服务的方式参与社区志愿服务。

4. 以发展为要，找到可筹可用的本地力量

社区基金需要培养在地的支持、引导和监管力量，南湖街道社区基金管理委员会应运而生，由南湖街道办事处、本土社会工作者和本土商家代表构成。

街道办事处提供政策支持和在地化支持，初期为撬动本土资源打下了基础，也为社区基金建设奠定了信任的基石。

社会工作者的加入提供了社会工作专业力量，推动社区基金在促进社区融合、整合社区资源、解决社区问题、支持社区治理中发挥作用。

本土商家具有更强劲的"自我造血"能力。南湖街道社区基金管委会的商家成员来自在南湖街道经营多年的连锁企业，他们既是社区基金的捐赠者，也是街区向好后的受益者。他们本身已有成熟的运行机制、市场投资经验，

可以借助高效准确的商业经营方式为社区基金挖掘更多募集资源的通道。

打通多维筹募渠道，推动社区基金筹募持续化

社区基金的建设工作，需要以时间和信任为基础，街道注重街区对社区基金的认识、认知和认同，打通多维筹款渠道，推动社区基金筹款持续化。

1. 用好互联网筹款工具，增强社区基金的公信力

"互联网＋筹款"从技术到认知已经得到了社会大众的认同，南湖街道社区基金的筹募紧紧依托互联网募捐信息平台。一抓"腾讯公益"这个互联网公益生态建设的佼佼者。"配捐"激励和"小红花"制度对社区基金的募集和大众的参与有一定的吸引力，并且公众对该平台的募捐有一定的信任度。二抓湖北省慈善总会的"幸福家园·村社互助"平台这个省级筹募工具。

2. 让公益慈善可视化，营造全民公益的向善氛围

社区基金的重要一环是塑造社区的慈善文化氛围，让群众完成"从旁观的你变成行动的我"的思想转变。因此南湖街道社会工作者紧握"新媒体"和"环境营造"两大抓手，将社区基金的公益慈善概念以多种方式充分嵌入群众的生活，逐步培育多元力量的公益。

截至 2023 年 3 月，南湖街道以社区基金和志愿服务为主调，发表了近 60 篇宣传报道，其中省级 12 篇、市级 11 篇、区级 12 篇，阅读量超千余人次。在利用多元媒介彰显社区基金的社会责任和社会作用的同时，南湖街道也充分利用"直播＋公益"的新方式，利用斗鱼、微信等直播平台，共进行了 5 次直播，观看人数超 10 万人次。

"99 公益日"筹款期间，设立了 12 个慈善捐款宣传点位，包含社区、商家和商圈。2023 年 3 月，在"武昌·南湖公益街"的开街仪式活动中，即时性宣传物料 44 个，社区基金文创周边近 400 份，同时长效性的志愿服务积分兑换和慈善捐款类的物料共 28 个，分布在南湖街道的 14 家商户内。

3. 从联动筹募到战略筹募，让社区基金可持续运营

社区内多元主体联动起来，才能切实支持社区基金的持续化运营。如通过"'了不起的居民'志愿服务项目"众筹大赛，在初期街、社联动开展"社区参事"议事会，随后街、社、企围绕议事结果联动开展筹款，同时吸引社会组织、志愿者、商户持续关注。

南湖街道的企业多是直接向居民提供产品或服务,营销中需要得到消费者的品牌认同,前期在数字公益节和"99公益日"筹款期间,街道为辖区内企业确立了"了不起的商户"和"商户联盟"的"企业+公益"营销定位,并通过商户发起"一起捐"和商户联动回馈居民捐款的方式,巩固南湖商户"扎根基层治理,投身公益慈善"的正面形象。截至2023年3月,南湖商户捐款及商户发起的"一起捐"共筹募资金近4万元。

企业与公益的跨界营销,不仅为企业产生了正向的影响,同时使社区基金获得更多的曝光与资源。为更好发挥"1+1>2"的效果,街道探索了战略筹款新模式,一是商户向社区基金捐赠一定金额,即可拥有由社区基金资助的志愿服务项目或相关筹款活动的"冠名权";二是商户提供社区志愿服务积分兑换的物资,街社可以提供商户走进小区的机会。如此,社区基金和企业才能互利互惠。

以上是社区基金筹募的路径,但终归需要有一个点将所有筹募方法串联起来,并实现社区基金可持续运营和慈善文化营造的最终目的。"武昌·南湖公益街"便是南湖街公益慈善的集合阵地。商家提供居民参与志愿服务的激励物资或服务、常态化参与社区基金筹款,即为"乐益商店",大家组成了"武昌·南湖公益街",在支持居民积极参与社区建设的同时树立"商业向善"

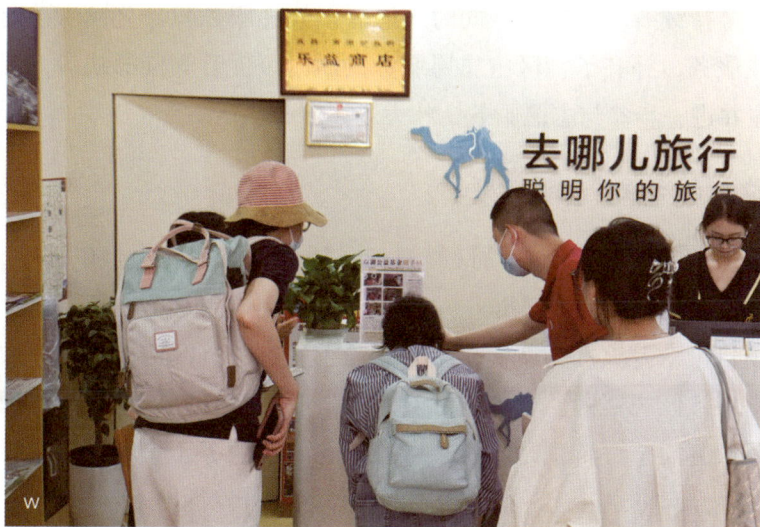

图1 "武昌·南湖公益街"上乐益商店内设立社区基金筹款二维码

的形象，初步构建"志愿服务＋经营发展＋再服务"的可持续模式。

"乐益商店"门口会上墙门牌标识，并结合实际支持的兑换物资或服务做展示宣传，而收银或服务台设立社区基金筹款二维码，结合正在开展或新发起的不同资助项目号召大众进行随心捐，强化该店的"了不起的商家"形象。将公益慈善和志愿服务融入大众生活当中，进一步放大慈善资源的价值和公益慈善的影响力。

强化主体建设，实现社区治理闭环

在社区基金的建设过程中，社会工作者坚持激发社区多元力量的主体意识、参与意识和责任意识，同步回应居民"角色改变、思路不清、能力不足、方法缺失"等问题，引导社区居民"自觉"参与社区建设，实现"需求－资金－服务"的社区治理闭环。

发挥社区基金的资源存续功能

南湖街道社区公益基金在建设中看重慈善资金资源的存续功能，其核心就是实现慈善资金的持续以及志愿服务人力资源的维系。

对此社会工作者以商业商店如何参与社区治理为题，探索建立了"武昌·南湖公益街"，加入公益街的每一个乐益商店通过店内设立筹款二维码成为慈善资金持续筹募的通道；同时志愿者以志愿服务积分兑换乐益商店的指定物资或服务，补齐了社区中志愿服务的激励、提升等资源缺口，促进更多群体关注并进一步参与志愿服务，壮大志愿服务队伍。

打造社区治理多元共治平台

南湖街道社区公益基金的最终目标是撬动辖区多元力量以公益、自治、互助的方式满足居民的多样需求。对此，社会工作者以"'了不起的居民'志愿服务项目"众筹大赛为载体，结合"需求发掘—资源链接—服务回应"的脉络，支持社区志愿团队、社区社会组织等参与社区问题的解决，回应社区居民多元服务需求，特别是支持社区互助与自助服务工作的开展，增进社区的信任与融合，将"五社"主体的功能与作用充分发挥出来。

在第五届"'了不起的居民'志愿服务项目"众筹大赛中，社会工作者

图2 南湖街道第五届"'了不起的居民'志愿服务项目"众筹大赛路演活动

以开展"社区参事"议事会发掘居民需求为起点，贯穿服务设计，引导社区、志愿者、社会组织等从旁观者到行动者进行社会资源链接及服务回应。社区多元主体力量在发挥积极作用的同时找到了自身的角色定位，其参与社区治理的意愿、动力、价值和能力同步有了极大的提升。最终，志愿服务项目众筹大赛中支持的7个社区项目，4个项目由社区志愿服务队策划执行，涉及居民公共活动空间打造，残障人士服务，社区居民、志愿者团队培育等服务方向；3个项目由注册社会组织（企业）承接，其中两个项目的社会组织（企业）与社区志愿者参与过社区议事会和基金筹款活动，并通过项目孵化出志愿服务队。

【研讨题】

1. 相较于其他治理工具，社区基金是如何在基层社会治理中实现"五社"的有效联动的？

2. 和直接的社会工作服务相比，社区基金的筹建可以弥补服务中的哪些缺口？

3. 结合本地实际，社会工作者在推进基层治理和社区慈善相偕发展方面还可以从哪些层面发力？

案例分析

一、社区基金在基层社会治理中面临的挑战

近年来，通过社区治理的不断推进，居民的主体意识有所增强，但在以前较长时间内政府以及带有一定程度行政化倾向的社区居委会承担了社区治理的主要工作，导致真正的治理主体缺位。长期以来，居民只是治理中的"被参与者"与"被治理者"，一直以被动的态度参与社区活动。然而社区基金就是居民身边的基金，是居民能实实在在看得见、摸得着，多数人能参与的治理平台，对唤醒居民的公民意识，增强其对社区认同感和归属感具有重要意义。对此，需要搭建从社区居民需求到发挥社区基金功能的通道，以强化居民围绕需求来筹集资金、管理资金及服务、使用资金的主体作用，借此引导居民主动参与社区治理，从而提升社区活力，为发展带来持续动力。

二、社区基金围绕社区属性筹建的现实意义

社区属性包括区位的地域性、组织的系统性、管理的自治性、管辖的区域性、参与的全员性、主体的认同性、功能的综合性和机制的协调性，核心是民主自治。社区基金作为"五社联动"中的社会慈善资源板块，具有推动社区发展的功能定位，基于此筹建过程中筹资是结果目标，筹人、筹服务、筹氛围是过程目标，所以推进中可以围绕社区属性开展工作。南湖街道社会工作者从居民需求出发，结合南湖街道慈善资源少且小的街情实际，以"五社联动"为工作方法，坚持"共同缔造"的实施路径，探索本土化发展路径。

1. 以"筹人"促"联动"：联动多元主体互动，参与基金共建可持续

南湖街道社会工作者积极在"筹人"上下功夫，深度探索社区基金本土化发展路径，坚持以"五共"理念，聚集南湖"能人"，通过各品牌服务打造与特色主题活动挖掘参与主体。第一步，集合辖区居民参与"社区参事"议事会筹得"共谋员"。第二步，通过活动，联动辖区企业商户、社区组织、下

沉党员、爱心居民等多元主体参与社区基金建设，打造商企联合、商居联动、邻里互助等多方友好局面，在联动中营造氛围，为社区基金建设筹得"共建员"。第三步，成立社区基金管理委员会，多方共同助力社区公益基金的运转、管理、资金使用等多方面运营，发挥成员公益领袖作用，推动社区自我服务与自我管理水平提升，筹得"共管员"。以该路线持续深化耕耘，夯实共同缔造之果实，让辖区各主体及每位成员都能"共评共享"。

2. 以"筹资"营"氛围"：人人都为"筹款官"，助力常态筹款可持续

社会工作者以南湖街道"'了不起的居民'志愿服务项目"众筹大赛为支点与载体，结合前期共谋，联动辖区 6 个社区社工室，发动辖区企业商户、社会组织、社区居民参与众筹，并用各方众筹成果，对志愿服务项目进行资金支持，提高社区基金知名度、曝光度，做好社区基金反哺工作，使基金募集与服务推行并行，形成筹与用互促内循环，推动公益基金长效化筹款。

在此基础上，以"武昌·南湖公益街"建设为抓手，建立常态化筹款渠道，为南湖企业商户及居民建立公益参与、志愿参与平台，推动街区友好公益环境共建。

在这里，社区、社会组织、居民、商户，人人是"筹款官"，人人是受益者。通过构建南湖公益一体化，实现从过程到结果的"五共"模式，在"筹人"基础上提升各方筹款能力，实现常态筹款可持续。

3. 以"筹服务"谋"幸福"："五社联动"齐发力，推动服务行动可持续

在"筹服务"方面，南湖街社会工作者结合居民提出的最关心、最迫切的社区治理难题，以众筹大赛为支点鼓励社区志愿者积极参与，助力培育孵化社区社会组织，最终以志愿服务项目形式对症下药，为社区居民"筹服务"。由此，社会工作者探索了一套南湖街的本土化"五社联动"工作机制，破解各方"联而不动"的难题，推动辖区多元志愿服务行动可持续，营造全街社区治理良好氛围，实现幸福南湖，共同缔造！

专家点评

南湖街道社区公益基金筹建案例充分展现了"五社联动"机制在社区治理中的创新应用。本案例紧密结合社区属性，通过"筹人、筹资、筹服务"

的方式，有效促进了社区多元主体的参与和协作，不仅增强了社区基金的可持续性，还提升了社区治理的整体效能。通过"筹人"促进多元主体联动，形成共建共治共享的良好格局；通过"筹资"营造社区公益氛围，建立常态化筹款机制，实现社区基金的良性循环；通过"筹服务"满足居民需求，推动社区服务的持续创新和优化。通过此案例我们看到，社区公益基金作为资源整合平台，可以吸引并整合社区内外资源，为联动提供物质基础。相较于直接社会工作服务，社区公益基金筹建能补齐服务中的长期可持续性缺口，提供稳定的资金支持。同时，通过筹款和项目实施，社区公益基金提高了社会参与度，整合了更多资源，并促进了服务创新，满足了居民多样化需求。

共建共享老年友好型社区

——襄阳市樊城区中原街道铁路社区公益基金建设 [①]

案例正文

【引　言】2023 年 8 月，湖北省民政厅印发《湖北省社区公益基金管理办法（试行）》（以下简称《办法》），对社区公益基金的名称、设立管理、资金筹集和使用、拨付程序、基金监督等方面作出规定，进一步规范社区公益基金管理，有效发挥社区公益基金在培育社区慈善力量、搭建社区慈善服务平台、促进社区治理现代化、助力乡村振兴和共同富裕等方面的作用。

【摘　要】襄阳市樊城区中原街道"腾讯公益·五社联动·家园助力站"项目启动后，在襄阳市民政局和樊城区民政局的指导和大力支持下，项目团队协助建立了铁路社区公益基金。社区公益基金自成立以来，在党建引领"五社联动"力量的支持下，共募集资金 26 万余元。该社区公益基金主要用于社区"长者幸福食堂建设、残疾人农疗基地、老旧小区改造"等小微公益项目。2023 年 10 月，项目团队协助该社区成功申报国家卫生健康委全国示范性老年友好型社区。

【关键词】五社联动　社区公益基金　老年友好型社区

收集社情民意，主动帮困解难

襄阳市樊城区中原街道铁路社区位于湖北省襄阳市老城区"两站"（汽车站、火车站）地区，共有 14 个居民小区，居民 4719 户，常住人口 8340 人，另有各类型企事业单位 22 家、临街门店 479 家。

---

① 本案例作者为襄阳市春雨社会工作服务中心曾强、周晓溪。

图1 改造前的社区面貌

该社区铁路系统退休职工集聚，老年居民和残障群体众多，60岁以上的老年人占比近40%，残疾人有80余人。2022年4月，湖北省慈善总会中原街道"腾讯公益·五社联动·家园助力站"项目启动，襄阳市春雨社会工作服务中心作为运营方，铁路社区作为试点服务社区之一。

受该地域老城区改造的影响，该社区居民的文化娱乐活动匮乏，特别是困难群众存在"家庭功能受损，社会支持力量薄弱"的问题，导致社会适应不良，社会交往能力受阻，亟待解决。该社区老旧小区众多，由于年久失修，老旧小区存在环境污染严重、基础设施不足、房屋漏水等问题，这些问题直接造成社区居民生活不便，影响了居民的幸福感和获得感，居民有很强烈的提升生活品质的需求。

同时，项目实施地点自组织资源较为缺乏，除了居委会、妇女组织和残联组织等，自组织发育水平低。缺乏联系机制，各种资源不能有效聚合，资源聚集能力亟待提升。

发挥社工作用，展现专业担当

基于以上居民群众面临的问题和需求，项目团队制定专业目标，通过"培育五社要素、促进'五社联动'、建立联动机制"等工作策略，提升困难群众的被关爱水平和社区基层治理能力，形成"美好环境人人参与、基层治理人人尽力、幸福生活人人享有"的生动局面。

从具体策略上来说，项目团队依托家园助力站和社会工作服务站平台，整合更多项目、专业力量和服务品牌到铁路社区，营造良好的公益慈善氛围；积极整合多方力量，发动骨干党员、爱心商户和爱心居民参与捐款和公益服务，发布2~3个公益慈善资金筹集项目，促进社区公益资源持续发展；组织微公益大赛和社区公益集市，搭建服务平台，引领志愿者参与基层治理活动，推进建立志愿服务积分兑换机制，增强团队凝聚力、服务能力和服务持续动力。

依托公益基金，拓展各方资源

在樊城区慈善协会的支持下，项目团队积极协助铁路社区宣传、动员辖区爱心居民、企业参与"家门口"慈善，成立了襄阳市首家村（社区）级小微慈善社区公益基金——铁路社区公益基金。"铁路社区公益基金"成立后，阳光家园退休老党员，襄阳热点农业科技有限公司等10多家爱心企业、社会组织捐赠善款共计26万余元，开创了襄阳市村（社区）级小微慈善工作创新发展的先河，解决了居民群众急难愁盼，温暖了困难群体。

图2 中原街道铁路社区公益基金启动仪式

图3 中原街道公益集市现场社区社会组织授旗仪式

在社区公益基金成立后，针对社区"两委"以及社区居民等利益相关方对社区公益基金认知不足、参与积极性不高等问题，项目团队建立"线上+线下"的宣传平台，线上通过微信群、公众号、视频号等形式发布社区公益基金科普知识宣传内容，线下通过座谈培训、实地考察学习和商户走访等形式，统一思想，提升社区公益基金创建的认知度和工作站位。

项目团队动员老党员"带头捐"，引导商户"踊跃捐"，组织社区公益集市鼓励居民"爱心捐"，同时借助捐款箱和线上公益平台，形成全方位、立体化资金募集格局。为企业和商户提供"品牌宣传、税收抵扣和荣誉授予"等一系列利好政策，提升了社区公益基金的可信度以及公益慈善资源的黏性，增强了相关单位的公益使命和责任感。

为了促进社区公益基金规范化管理，项目团队协助社区成立了社区公益基金管理委员会，确定了小组成员和工作职责，并讨论通过了社区公益基金使用方案。随后，根据社区公益基金专款专用的原则，立足社区需求，实施了阳光家园自强厨房和农疗基地建设、社区养老中心建设、老旧小区改造、社区营造等一系列惠及民生的小微服务项目。同时，定期做好社区公益基金财务公示，保障项目资金使用的安全性、有效性、公益性和透明性。

运用"五社联动",奏响社区营造乐章

项目团队遵循"社区是我家、建设靠大家"的理念,挖掘铁路社区"家庭幸福、邻里互助"的正面文化典型,通过"我的幸福生活、铁路好人评选"等一系列文化引领活动,建立由社区居委会、骨干代表、项目团队组成的活动策划组,群策群力推进各项活动的开展,鼓励更多的居民参与志愿服务,共建友好社区。

针对社区老年人"生活困难和支持不足"的问题,以"全国老年友好社区创建"为抓手,全面提升社区为老服务品质。项目团队重点培育孵化了长者关爱志愿服务队,志愿者为有服务需求的老年人每月"聊一次天""做一次卫生""购一次物""修一次电器""陪同看一次病"。

同时,项目团队运用社区公益基金,整合爱心企业资源,建立了社区爱心食堂和老年人活动中心,解决了空巢及特困老人就餐难和精神空虚的问题,提升了老年人的生活品质和幸福感。

为提升社区社会组织活力,培育一批优质的社区社会组织,项目团队发起了"益动铁路"社区微公益大赛。参赛项目范围包括"民生保障、文化引领、社区建设"等类别,通过专家评审答辩的社区社会组织将得到社区公益

图4 "益动铁路"社区微公益大赛

基金的项目启动资金支持。同时，为组建的社区社会组织开展能力提升服务，增强组织凝聚力，提升为民服务能力。

社区微公益大赛共孵化培育 7 支社区社会组织，包括铁娘子健康义诊服务队、铁哥们儿义务巡逻队、自强厨房助残服务队、"耆巢生辉"关爱特困老人志愿服务队、社区救援志愿服务队、辅助就业志愿服务队、"旧貌换新颜"环境治理服务队。这些社区社会组织本着志愿服务精神，定期开展为民服务、公益慈善、邻里互助、环境治理等活动，在城乡社区治理、提升社区居民生活品质、促进和谐社区建设上发挥着积极作用。

多方参与助力，服务提档升级

通过社区公益基金加持，项目团队以政府购买服务项目为抓手，重点整合襄阳市居家和社区基本养老服务提升行动（民政部扶持项目）、樊城区中原街道社工站建设、社区为老中心建设等项目资源，目前已初步形成了"为老服务中心、幸福食堂、老年大学、居家上门服务"等一体化的智慧养老服务体系，实现了"社区养老、机构养老和居家养老"的无缝衔接。在此服务基础上，项目团队协助社区申报并成功获得 2023 年全国示范性老年友好型社区称号。

社区将公益基金中的一部分资金用于老旧小区改造，并链接湖北文理学院美术学院和理工学院等 100 余名大学生志愿者多次开展社区营造墙绘活动。专业老师、学生志愿者和社区志愿者骨干根据铁路社区党委的社区营造理念、墙面特色进行构思和创作，让原本单调的墙体变得灵动起来，变成了传播文明的窗口、美化家园的景观，营造了良好的志愿服务氛围，对城市文明水平的提升起到极大的促进作用。

图 5　项目团队组织志愿者参与社区营造墙绘活动

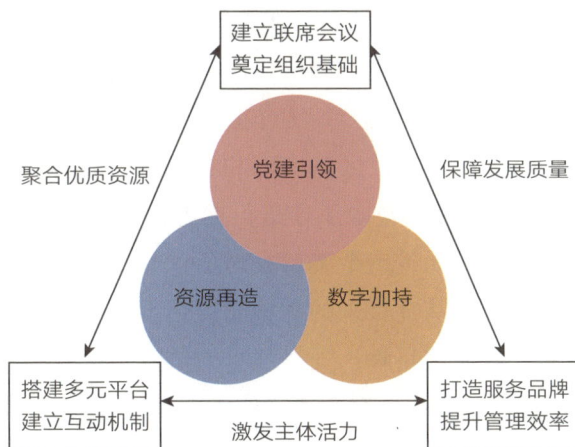

图 6　"五社联动"运营社区公益基金的核心策略

【研讨题】

1. 在"五社联动"项目实施过程中，如何将政策指引与服务所在地的特色相结合，形成有地域特色的服务品牌？

2. 社区公益基金的募集在整个公益基金创建过程中是非常关键的一环，如何建立"爱心商户、企业和其他捐赠群体"对社区公益基金的信任感？

3. 社区公益基金在运营过程中如何提升利益相关方的体验感,如何优化程序,以兼顾公平与效率?

📁 案例分析

一、坚持党建引领在社区公益基金创建过程中的核心作用

坚持以党建为引领,以居民需求为导向,充分挖掘和利用社区慈善资源,探索社区公益基金运行管理模式,是推进基层社会治理的有效路径。社区公益基金可以帮助社区以慈善、互助的方式破解基层治理中的"小、急、难"问题,推动社区基层治理向纵深发展。要在短期内取得良好的成效,真正帮助基层社区和居民做些什么,无疑需要凝聚共识,共同发力,将有限的人力资本和内外资源集中起来办大事、难事。

项目团队进驻中原街道办事处后,在街道党工委领导下,积极与社区"两委"班子融合开展工作,建立联席会议机制,每周向社区支部书记汇报工作情况并听取意见,参加社区"两委"工作会议、主题党日活动,每月向街道党工委汇报一次项目进展,同社区党支部和党员融为一体,把社区治理和基层公益慈善平台建设作为项目重点工作进行推进,共同研究和实施服务方案。如将困难群众和上访户作为重点个案帮扶对象,与社区共同组建社区公益基金管委会、起草社区公益基金管理的各项制度,组织"益动铁路"社区微公益大赛,发掘社区公益项目品牌,既得到了街道及社区党委对项目服务工作的全力支持,也加快了项目团队和服务工作本土化进程。

二、注重资源整合在基层公益慈善平台搭建过程中的关键作用

社区基金怎么筹款,如何用好、用到位,是社区公益基金可持续的关键所在,也是群众最关心关注的焦点问题。社区面临多重问题,服务对象的多元化、服务需求的多样化、公益慈善平台搭建的复杂化,使得作为单一服务主体的项目团队难以通过自身专业服务解决社区问题,满足服务对象多样化的需求。因此,激活内生动力,发挥项目团队资源整合作用,整合各方资源参与社会工作服务非常有必要,项目团队在基层公益慈善平台搭建过程中,

整合了场地、人力、资金等大量的资源。

社会工作服务站点的建立和运营得到了樊城区民政局、中原街道办事处以及落地社区的大力支持，通过多方协调将社区新时代文明实践站作为项目团队服务的主要阵地，实现了场地共用、服务共融。同时，积极与当地妇联、残联、医院、学校、福利院、企业、志愿者组织、社区能人等社会公益组织及力量联合联动，共同策划开展社区公益基金宣传相关活动，积累社会资源，合作后对资源整合效果进行总结及评价反馈，不断提升资源整合能力。

三、发挥数字技术在社区公益基金运作中的辅助作用

公益慈善的基本理念是"人人公益，人人慈善"。如何让更多居民参与、推广和监督社区公益基金，是社区公益基金运作过程中面临的棘手问题。单纯依靠传统的募捐箱、电话通知和线下活动推广等服务形式，难以满足街道社区群众多元化的服务需求。

基层公益慈善面临人才匮乏、资源不足、经费有限、社会参与不足等普遍性问题，如何在资源有限的前提下，提升社区公益基金平台建设中的筹款、管理和推广效率，让公益慈善触及每位居民，提升居民参与公益慈善的幸福感和获得感？毫无疑问，数字技术在解决这些问题上有其独特的优势。

项目团队在服务过程中，注重发掘社区优势资源，从居民需求出发，合理运用数字媒体技术，发起线上筹款，建立微信小程序发布活动，并建立起对捐赠人的反馈机制，通过网页、公众号、线下公告等方式公开捐赠信息、项目运行过程、反馈情况，以公开透明的方式赢得企业和群众信任，增强社区公益基金公信力，使更多的居民和企业愿意将资金投入社区公益基金中，形成"人人有责、人人尽责和人人享有"的基层治理生动局面。

📝 专家点评

本项目成功地将党建引领融入社区公益基金的创建与管理中，体现了党在基层治理中的核心作用。项目团队在资源整合方面做得非常出色，不仅充分挖掘和利用了社区内的资源，还积极整合外部资源，形成了多元化、高效率的服务网络，满足了居民多样化的服务需求。特别值得一提的是，项目团

队在公益基金运作中创新性地运用数字技术，通过线上平台扩大影响力，提高居民参与度，并建立了公开透明的反馈机制，增强了公益基金的公信力。这些举措不仅推动了社区公益慈善事业的发展，也为基层治理注入了新的活力。展望未来，希望项目团队能够继续深化党建引领，优化资源整合，加强数字技术应用，推动社区公益慈善事业再上新台阶，为基层治理注入更多活力。

多方发力，助推还建小区居民参与社区治理

——黄冈市黄州区六福湾社区公益基金建设 [①]

📁 案例正文

【引　言】2022 年 4 月，"五社联动·家园助力站"项目由腾讯公益慈善基金会资助，在湖北、北京、上海、广东等 7 个省（直辖市）的 96 个乡镇（街道）实施。项目以社工站为依托，设立社区公益基金，创新社区与社会组织、社会工作者、社区志愿者、社会慈善资源的联动机制，实践探索新时代社区慈善工作机制。黄州区"五社联动·家园助力站"项目由黄冈市黄州区东湖社会工作服务中心承接，以黄州区东湖街道六福湾社区为试点，进行为期一年的社区慈善与"五社联动"机制的实践。

【摘　要】黄州区东湖街道六福湾社区属于整体搬迁还建社区。社区有 33 个楼栋，2975 人，社区 60 岁以上的老人有 600 多人，其中独居老人 70 多人，青少年 200 多人。社区"两委"工作人员 6 人，已有 6 支社区社会组织。由于是搬迁还建小区，小区周边企事业单位少，整体搬迁虽然扩大了家庭式独立空间，但邻里互动少，部分社区居民还存在对城市小区的生活适应不足的情况，社区居民委员会也存在事多管理人员少、资金不足的情况。2022 年 5 月，黄州区东湖街道在"五社联动·家园助力站"项目实施和全省社会工作督导指导下，成立了社区公益基金管理委员会，在实践探索中充分发挥了公益基金种子资金的作用：一是通过举办大型文艺活动，传递公益理念，扩大邻里对公益慈善的认识；二是通过举办社区"微公益"项目，请社会工作者跟进项目设计辅导和队伍组建培训，培育 6 支社区社会组织，志愿者注

---

① 本案例作者为黄冈市黄州区东湖街道办事处杨婷、东湖社会工作服务中心余国平，督导为湖北省荆楚社会工作服务中心总干事徐勇。

册 600 多人，占常住人口 20% 以上；三是通过建立志愿服务积分管理激励机制，激发志愿者的服务热情，先后服务"一小一老"100 多人次；四是通过打造社区"公益集市"品牌，链接企事业单位 100 多家，筹得资金和物资共计 54950 元。

【关键词】还建小区　公益集市　公益基金　社区治理

规范社区公益基金管理委员会

社区公益服务的持续开展需有健全、规范的管理机制。2022 年 5 月初，东湖街道成立了 5 人组成的社区公益基金管理委员会，成员包含黄州区慈善总会负责人、东湖街道民政办主任（项目公益基金管理委会主任）、街道文化站站长、东湖社会工作服务中心负责人（资金认领人）、试点社区六福湾社区工作人员。并建立了民主"三会"协商工作机制，规范基金管理：一是活动前的筹备会，每次开展活动之前，基金委员会成员都要召开一次碰头会，讨论活动的内容、资源的链接、资金的使用情况；二是活动结束后，基金委员会成员会同社会工作者、社区社会组织的志愿者、居民代表一起，召开一次分享会，了解资金使用的合理性以及居民的反馈情况、居民满意度等；三是每月一例会，对上月工作进行回顾并总结以及安排下一阶段的工作重点，特别是对资金使用情况进行讨论，做到透明公开。

通过规范社区公益基金管理委员会的常态化运作，使其成为社区、社会工作者、社区社会组织、志愿者开展服务的主心骨，"有牵头、有引领、有跟进"的社区公益基金改变了居民松散参与社区治理的服务方式，形成"有依托"的服务向心力，社区治理项目发布、筹款、实施均可以规范化运作。

大型文娱活动营造社区公益氛围

一位刚参与不久的社区居民表示："理解了公益理念，我才知道志愿者在忙什么，这么多形式我也想参与其中，很开心。"社区居民对于学雷锋，做好事熟知于心，但是对于如何参与，有什么收获还一知半解，这就需要通过大型服务性、娱乐性活动吸引居民参加。大型文娱活动的举办，关键是要在其

图1　路口镇文化站开展"99公益日"宣传活动

中设置志愿者招募、服务体验、筹款参与的环节，设置专门的志愿者宣传岗位，主动引导社区居民了解公益，为居民讲解公益形式，这样才能发挥大型文娱活动的宣传作用。

为了扩大"五社联动·家园助力站"项目的影响力，自2022年5月到2023年10月，项目组先后举办了多场大型活动，服务居民群众5000余人，传播了公益理念，营造了公益氛围。2022年5月15日，项目举办睦邻便民

图2　2023年"东湖之恋"公益集市

周活动，链接 40 多家社会单位，服务居民 300 多人次；2022 年 9 月开展"99 公益日"大型活动，先后链接了 50 多家企事业单位，设置了公益集市摊位 70 多个，开展各类便民服务；2023 年 2 月 4 日，举办以"明珠东湖·舞动新春"为主题的闹元宵活动，链接 40 多家单位资源，服务居民 500 多人次；2023 年 3 月 5 日，举办"学雷锋月"启动仪式暨公益集市活动，链接 60 多家企事业单位资源，服务居民 3000 多人；2023 年 10 月 1 日，举办以"东湖之恋"为主题的爱老助老活动，链接 20 多家单位资源，服务居民 1000 多人次，线上直播观看量突破 60 万人次。

社区"微公益"项目大赛带动组织学习

如何完全由居民自主开展社区公益项目是居民参与治理的难题，而社区"微公益"项目大赛包含了群众动员、微公益项目设计、服务开展、团队组建等一系列实践，可以带动社区社会组织进行体验式学习，更加直观地引导社区社会组织提升自主服务的能力。

项目通过实施社区"微公益"项目大赛，以社会工作者和志愿者前期的入户收集需求为基础，开展项目设计辅导、队伍组建等培训，引导社区已有的志愿服务队和社团领袖参与，社会工作者依据社区社会组织的特长，协助

图 3　社区"微公益"项目大赛

图 4　疫情期间志愿者服务培训

设计公益项目，并指导参与组织撰写公益项目书、项目路演展示等内容，使社区领袖完成从只会俯首做服务到主动推广宣传的角色转变，号召了一批新志愿者的加入。最终围绕社区需求，推动了助老服务、助幼服务、助困服务、助疫服务、助医服务、助力创文等 7 个公益项目落地，由社区、社区社会组织、社区基金管理委员会三方签订合作协议，并以此建立完善了项目遴选机制。

通过微项目的实施，带动六福志愿服务队的发展，在六福志愿服务队总队长杜桂英的奔走号召下，志愿服务队的队员逐步扩充，由最初的五六人发展成现在的 86 人。志愿服务队分为 6 个小分队，每天一组在小区值班，负责小区的环境卫生、巡楼、照顾失能老人等工作，每月还定时为社区失能老人送上生活包。

"他们参与楼栋清理、安全隐患排查、失智老人帮扶等工作，给社区减轻了很大的工作负担。"六福湾社区党总支副书记孙友米说。

积分兑换平台激发志愿者动力

社区志愿服务积分兑换平台是盘活社区志愿服务的重要平台，通过积分登记、积分卡、积分券等形式，整合社区的人力、物力、资金、服务资源，

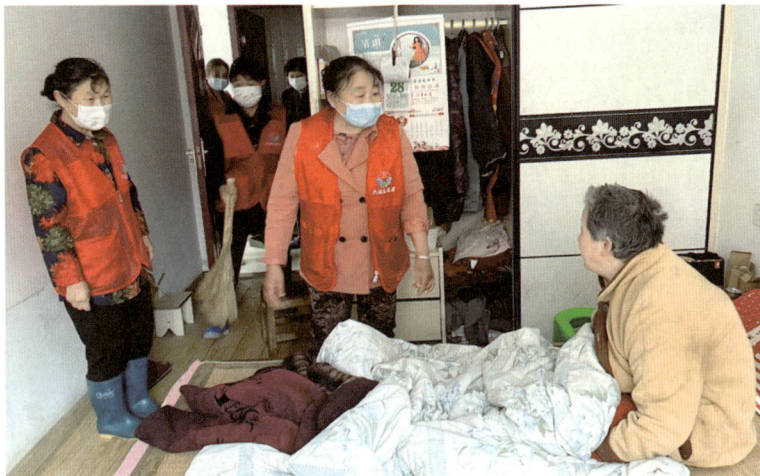

图 5　志愿服务小分队上门照顾失能老人

将二手物品、小商户服务、志愿者特长纳入兑换内容，使兑换平台成为居民优势、特长展示、居民互助互动的平台。

项目完善社区志愿服务积分兑换机制，制定了志愿者"54331"积分管理办法，即5步操作流程、4项积分办法、3种积分原则、3种模式、1个"五社联动"闭环系统的机制；同时，志愿者的服务积分还以"福"字数量换积分，形成了"六福—贴福—积分—兑换"的志愿服务链条，使积分兑换与传统"福"文化结合，居民更易了解积分兑换并参与其中。

"志愿者在开展活动时，可以记录服务时间，再用服务时间兑换爱心币，爱心币在全街道流通，可兑换生活物资或者其他志愿服务。"东湖街道党工委宣传委员、统战委员杨婷介绍道。

六福湾社区根据自觉爱护环境、讲究卫生、参与公益、遵纪守法、志愿服务等方面行为制定积分兑换标准，激励社区志愿者参与各类志愿公益活动。目前，社区注册志愿者达到609人，进行积分兑换的有400余人。其中，服务时间超过100小时的志愿者已有270多名。

图 6　志愿者进行积分兑换

社区公益基金盘活社区资源

随着社区公益基金的良性发展，社区居民需求逐步得到满足，社区服务水平得到提升，社区公益基金逐渐成为社区治理和居民生活的一部分，普遍得到社区居民的认可和支持。一是在 2022 年 9 月 7—9 日，通过 "99 公益日" 来筹款，先后链接了 50 多家企事业单位，设置了公益集市摊位 70 多个，三天有 2000 多人参与捐赠活动，筹款 2 万余元；二是通过开展公益集市设置公益摊位吸引商家来筹款。在 2023 年的元宵节、3 月 5 日的 "学雷锋月" 两场活动中，先后链接 100 多家企事业单位资源，共筹款 1 万余元。

"谢谢社会工作者、志愿者，你们就像我的亲人一样惦记着我，欢迎你们常来。" 六福湾社区先后为小区 20 多名困难老人、独居老人、空巢老人等送上 "爱心礼包" 等慰问品。

以腾讯公益社区公益基金种子资金为依托，社会工作者通过开展社区 "微公益" 项目和建立志愿服务积分激励机制，培育了 6 家社区社会组织，有积分时长的志愿者达 300 多人，占社区常住人口的 50%，积分达 6000 多分，具体成效主要有三点：

图7 "学雷锋月"公益集市居民募捐活动

一是推动了社区邻里的共同参与。通过举办大型文化活动，激发居民参与活动的热情，不仅丰富了居民的文化生活，促进了邻里之间的感情，也提高了居民的文明素质，并且使居民熟悉公益理念，了解志愿服务形式，吸引了更多志愿者的加入。

二是建立"公益＋双向认领"机制。"公益＋志愿服务组织"的认领机制，志愿服务队认领楼栋清理、治安巡逻等服务，志愿者认领"一小一老"等特殊群体服务，解决了社区人手不足的问题；"公益＋商家"的认领机制，商家精准对接公益集市、便民活动、义卖捐赠、困难帮扶等不同的公益项目，解决了慈善资源不足的问题。

三是扩大了公益影响力。项目的服务先后在"学习强国"学习平台、人民网、湖北公共频道、《湖北日报》分别报道，项目实施期间公益筹款54950元，通过举办公益集市，撬动100多家企事业单位资源和社区能人参与，丰富了社区内外部资源。

【研讨题】

1. 社区公益活动对于居民是新事物，如何让居民主动参与其中呢？

2. 社区社会组织是承载社区服务的主要力量，而其服务能力如何加强？

整体服务质量和水平如何提高？

3. 社区如何与社区社会组织、资源捐赠方建立长期的合作机制？

案例分析

一、"党建 + 志愿服务"模式，让社区更有温度

以社区为平台，充分发挥社会工作者的专业能力，引导社区社会组织在服务社会、服务群众中发挥作用，让社区更有温度。一是整合党建、街道商会、驻建单位等各类资源，开展一系列志愿服务活动，围绕"邻里学""邻里情""邻里乐"等方面，分别开展"百家宴"、趣味运动会等睦邻便民活动。通过便民志愿服务活动使居民了解公益，并在服务活动中不断招募居民加入，逐渐壮大志愿者队伍。

同时，利用居民喜闻乐见的传统文化节日举办大型文化活动，营造公益氛围。如"五社联动·家园助力站"项目实施期间开展"520 邻里文化节"睦邻便民周活动，国庆节举办以"东湖之恋"为主题的爱老助老活动，元宵节举办"明珠东湖·舞动新春"闹元宵活动等，并在活动中进行社区基金筹款、志愿者义卖等形式的宣传，使公益理念逐渐为居民所熟悉。

二、"互联网 + 社区治理"模式，让参与更有广度

通过建立"互联网 + 社区治理"的模式，形成了居民与社区无缝衔接，从"脚尖"到"指尖"的即时沟通、良性互动的治理机制。一是社会工作者和志愿者骨干采取"爱心来敲门"工作法，收集居民"金点子"，掌握居民的需求；二是通过建立群众微信群、线上问卷统计等方式问计问需于民，在深厚的群众基础上，通过互联网快速梳理居民信息和需求，再反馈至社区社会组织和志愿者，居民参与更加广泛。

项目以社区"微公益"项目大赛的形式，挖掘社区社团领袖、发展社区志愿者、培育社区社会组织，培育了忠信福、富裕福、美德福等 6 支志愿服务队。项目社会工作者首先通过设计项目引领社区社团领袖参加，使社团领袖了解项目运作的方式；其次通过定期的项目会议，讨论总结社区公益项目

的组织方式，并进行一对一辅导和培训，使居民学习公益项目的实施方式；最后引导社区社会组织自主设计服务，定期开展社会工作者跟进的方式，不断增强群众参与社区治理的能力。

三、"公益＋双向认领"机制，让爱心更有热度

一是建立"公益＋志愿服务组织"的认领机制，志愿服务队认领楼栋、志愿者认领对象户，开展帮困助弱活动，参与公益集市活动，做好学习档案整理等工作，打通服务居民最后一百米。二是建立"公益＋商家"的认领机制，让企业认领公益项目，形成凝聚正能量的社会公益生态圈。

通过"公益＋志愿服务组织和骨干志愿者"的认领模式，社区社会组织参与社区治理再分工，形成划片固定参与，志愿者精准对接困难居民的常态化参与管理机制，定位定责的落实使社区社会组织参与持续化，避免出现社区社会组织行动必须靠社区和社会工作者引领的情况，使社区社会组织持续活跃；通过"公益＋商家"的认领模式，社会工作者设计公益项目参与清单，商家精准对接公益集市、便民活动、义卖捐赠、困难帮扶等不同的公益项目，不仅使商家熟悉项目参与方式，也能促进商家自身长期公益品牌的打造，树立商家公益形象，形成持续参与动力。

📝 专家点评

本案例充分展现了"党建＋志愿服务"、"互联网＋社区治理"和"公益＋双向认领"三种模式的深度融合与创新，为社区治理提供了富有成效的实践经验，有效提升了社区治理效率与温度。"党建＋志愿服务"模式有效提升了社区的温度；"互联网＋社区治理"模式有效拓宽了居民参与社区治理的广度；"公益＋双向认领"机制使爱心更具热度。通过资源整合、线上互动与公益项目认领，不仅增强了居民对社区的归属感，也促进了社区文化的繁荣。志愿者队伍的壮大和居民参与度的提升，为社区治理注入了新活力。这种模式的成功实践，为其他社区提供了宝贵的经验。期待未来能持续深化应用，探索更多创新路径，共同创造更加和谐、温馨的社区环境。

志愿服务与慈善文化融合，升级志愿服务培育

——武汉市武昌区水果湖街道社区公益基金建设 [①]

案例正文

【引　言】在中共中央宣传部、中央文明办、民政部、教育部、财政部、全国总工会、共青团中央、全国妇联 2016 年印发的《关于支持和发展志愿服务组织的意见》中指出，志愿服务组织是汇聚社会资源、传递社会关爱、弘扬社会正气的重要载体，是形成向上向善、诚信互助社会风尚的重要力量。党的二十大报告强调，要"引导、支持有意愿有能力的企业、社会组织和个人积极参与公益慈善事业""发展壮大群防群治力量""建设人人有责、人人尽责、人人享有的社会治理共同体"。

【摘　要】本案例展示了在"三社联动"基础较好的水果湖街道，如何助力"五社联动"和基层治理发展。在建设社区基金和升级志愿服务的双目标定位下，社工将社区基金建设与志愿服务升级培育结合起来，以此促进社区志愿服务升级和慈善文化的发展和勃兴，助力慈善资源的可持续开发。

【关键词】社区基金　志愿服务　慈善文化　"五社联动"

一、背景描述

武汉市武昌区水果湖街道是湖北省委、省政府所在街道，也是湖北省政治文化经济教育的中心地区，辖区内有 17 个社区，近 20 万常住人口，1.5 万名直管党员，121 个"两新"组织党组织，备案型社区社会组织百余家，注册

---

①　本案例作者为武汉楚馨社会工作服务中心肖慧敏，由华中科技大学社会学院任敏教授、水果湖街道党群服务中心副主任叶国珍指导。

型社会组织 20 余家，志愿者注册人数占常住人口的 30%。

2020 年前，水果湖街道社会工作者运用"三社联动"模式，通过资源链接促进散在的慈善资源参与社区治理，培育了许多在地志愿服务队和社区社会组织，也吸纳了许多公益伙伴在水果湖街道落地，是武汉市社会工作基础较好的街道，并且从 2020 年开始就探索通过筹集慈善资金来帮助街道范围内的困境儿童。当时社会工作者通过自己的力量仅发动了 64 人参与，筹集了 817 元，未能很好地动员社会力量参与，也不曾认真思考过如何在社区内营造慈善文化氛围。2022 年 5 月，"腾讯公益·五社联动·家园助力站"项目在水果湖街道落地实施，后水果湖街道"腾讯公益"项目团队开始思考如何在前期服务的基础上运用"五社联动"模式对本土志愿服务队伍和本土社区社会组织进行培育升级，以更大力度发动社区在地力量参与社区治理以及社区慈善文化建设，实现整个社区范围内多支队伍"定需求—募资源—供服务"的多元共治及社区自治的治理生态。

图 1　武汉市民政局授予水果湖街道社工站"武汉市重点社会工作服务站"荣誉

二、问题与需求

（一）落地初期街道社区及项目点存在的突出问题

1.志愿者参与度高，但自主服务意识薄弱

项目初期，水果湖街道已完成 15% 的社区志愿者注册比例，志愿者活跃度也超过 50%，但是他们更多的是通过接受社区"派单—领单"的志愿服务安排，很少有志愿者队伍或者社区社会组织能主动发现社区潜在的治理需求并自主设计社区服务项目。

2. 辖区志愿服务频繁，但志愿者效能受限

虽然各社区经常开展志愿服务活动，但大多局限于平安巡逻、清洁家园、邻里调解、文明劝导等，不能最大限度发挥部分有特殊才艺志愿者的效能，不利于志愿者活力的保持。

3. 辖区慈善资源丰富，但汇聚、开发皆不足

前期慈善资源过于零散、黏性不强、持续性弱，社区服务在资金供应上完全依靠政府购买等，慈善资源的筹集仅依靠社区和社会工作者，志愿者与社区社会组织停留在具体服务中，没有形成"五社"合力来共同发展慈善文化。

（二）具体需求

1. 通过"五社联动"模式，升级志愿服务培育，从"组队伍＋供服务"赋能升级为"找需求＋募资源＋组队伍＋供服务"，促进其自主回应社区的个性化治理需求；

2. 活化在地资源，众筹慈善资金，建设社区基金，规范基金管理流程，打造慈善资源汇聚平台；

3. 志愿服务与慈善文化联合培育，打造"社区自治＋多元共治"的治理生态，促进慈善资源开发的可持续。

三、目标与策略

（一）项目目标

本项目旨在运用"五社联动"模式促进志愿服务赋能升级，继续建设社区基金动力闭环，两者间彼此融合，共同成长，从而促进慈善资源开发的可持续。

（二）介入策略

将志愿服务组织培育升级与社区基金建设相结合，全流程培育赋能本土

志愿服务组织，同步进行社区基金全流程模式探索，实现志愿服务和慈善文化融合发展。

（三）实施举措

将志愿服务与社区基金结合起来发展，既能形成社区志愿服务"需求自提—资源自筹—服务自供—社区自治"的治理生态链，又建立了社区基金"聚集资金—管好资金—用好资金—再生资金"的规范运营流程，促进慈善资源开发的可持续。

四、实施过程

社会工作者在实施过程中将建设社区基金和升级培育社区志愿服务结合起来，同期开展、交织进行，一方面积极与街道和社区合作建立起社区基金，另一方面引导社区志愿服务组织尝试依托湖北省幸福家园平台共筹慈善资金开展后续志愿服务，助力他们建设"需求自提—资源自筹—服务自供—社区自治"的治理生态链。如此，在项目开展期间，项目社工培育了3支能自主服务社区的志愿者队伍。下面将通过社工在建设社区基金的过程中赋能培育放鹰台社区肖望强老旧小区加装电梯工作室的案例来重点呈现。

（一）筹建街道社区基金，利用腾讯种子资金培育志愿服务组织

项目启动后，水果湖街道项目社会工作者利用腾讯公益种子资金建立水果湖街道社区基金，分别在2022年"520湖北省首次数字公益节"和同年"99公益日"节点发起众筹项目，主要用于各社区志愿服务组织培育、志愿者能力提升和嘉奖。由于筹款目标明确、发动人群精准，两次筹资活动共发动900多人次参与，筹集慈善资金5.6万余元。

在具体使用这笔资金时，社会工作者发现放鹰台社区下沉党员肖望强有积极参与社区公益服务的意愿，也愿意为社区治理奉献自己的力量。社会工作者了解到肖望强主要从事建筑行业，对加装电梯也很在行，通过他的发起和倡导，放鹰台社区不少楼栋加装了电梯。附近不少小区有此需求都会咨询肖望强，他在其他辖区也从事了很多这类工作。老旧小区加装电梯是水果湖

图 2　腾讯公益项目启动后首次开展爱心众筹活动

图 3　水果湖街道开展"520 湖北省首次数字公益节"公益众筹活动

街道现在老旧小区改造的一项重点工作，居民需求量大，政府优惠政策好，但实际推行十分困难。于是，社工鼓励肖望强成立志愿服务队专门开展老旧小区电梯加装全流程的指导工作，这一想法也得到了街道、社区的认可，很快肖望强牵头招募了 5 名志愿者组建了以老旧小区电梯加装咨询为服务内容的志愿服务队伍。

（二）增能志愿服务组织用好社区基金，促进社区治理难题解决

"腾讯公益"水果湖街道项目拿出 5 万元项目资金开展微公益大赛，面向水果湖辖区内的本土社会组织发起志愿服务项目征集，扶持了 10 支社区本土志愿服务队伍建设。肖望强通过这次微公益大赛间接受益，在全流程观摩学习本次微公益大赛后，学习了其他组织如何利用慈善资金开展项目，发挥慈善资金最大效应。例如，滨湖社区为困境儿童设计的家校社心理支持项目，针对困境儿童在学校和家里发生的情绪困扰联动专业心理服务组织提供心理疏导，帮助他们更好地调适自己，融入社会。青鱼嘴社区则联动一家三甲医院建立医疗急救培训和绿色通道，最后推动了该医院在本社区落地，备案成立医疗志愿服务组织。

这时，肖望强萌发了使组织规范化发展的想法，水果湖街道社区基金拿出 1000 元启动资金，帮助他完成了社会组织备案工作，成立了"放鹰台社区

图 4 腾讯公益支持的水果湖街道首届微公益大赛

肖望强老旧小区加装电梯工作室",这也是武昌区第一支专门开展老旧小区电梯加装工作的志愿服务组织。与此同时,他们接受了街道社工站的督导跟进,社工站帮助他们梳理了志愿服务组织架构,吸纳了更多队员,也扩充了志愿服务板块,他们可以响应老旧小区加装电梯过程中遇到的矛盾调解、设计优化、资金申请、政策倡导等问题,提供服务。

图5 肖望强老旧小区加装电梯工作室线下推广活动

（三）赋权志愿服务组织加入社区基金监理会，学习参管慈善资金

为从根本上促进社区基金良性发展,提升志愿服务组织在社区基金建设方面的自主参与意识,水果湖项目社会工作者参照《湖北省慈善条例》相关要求,成立街道基金监督管理委员会(以下简称"监理会"),邀请肖望强作为志愿服务组织代表和其他热心居民、驻点律师、爱心企业、街道和社会工作者代表一起加入,确保社区基金真正服务于居民,居民可以在社区基金的筹资、使用和管理上发挥重要作用。因此,除了监理会大量邀请居民和志愿者参与,还不定期召开监理会联席会议,把社区基金的使用交给监理会成员进行公开讨论,最后将社区基金的使用情况向公众公示,接受全体居民群众的监督。目前,水果湖街道已经按照此模式形成了社区基金全流程管理路径,这一规范管理加深了肖望强所在组织对社区基金的信任,同时也让肖望强更有了使命感。

图6 社区基金资金使用全流程管理路径

（四）指导志愿服务组织参与公益大赛，实现资金自筹自用自管

街道社工站引导放鹰台社区社工室在孵化了"放鹰台社区肖望强老旧小区加装电梯工作室"后，指导其积极申报参与各类志愿服务大赛，在筹备申报过程中促进其志愿服务理念提升，组织规模不断扩大。2023年6月，社工指导其参与武汉市武昌区第十届公益创投大赛，他们设计的老旧小区电梯加装一站式服务项目获得武昌区慈善会2万元资金。在获得支持后，其对公益慈善有了更深的理解，又打算自发通过湖北省慈善总会"幸福家园·村社互助"平台发起筹款项目，计划筹集2000元资金，用于放鹰台社区开展同类型

图7 指导"肖望强老旧小区加装电梯工作室"参加武昌区公益创投大赛

公益服务，同时产生了从备案型社会组织转为注册型社会组织的想法，以更便捷地自我造血，持续开展公益服务。

五、产出与成效

在项目第一年期间，水果湖街道社工团队实现了志愿服务升级与社区基金建设双目标。

第一，帮助志愿服务从"三社联动"时期的"组队伍＋供服务"实现了在"五社联动"框架下的"定需求—组队伍—募资源—供服务"能力升级培育，促其建成了"需求自提—资源自筹—服务自供—社区自治"的社区治理生态链，共计孵化培育这样的社区社会组织3家，"放鹰台社区肖望强老旧小区加装电梯工作室"、青鱼嘴社区白色贝雷帽救护队、东湖路社区揽秀为民服务志愿服务队。

第二，建立了社区基金及"聚集资金—管好资金—用好资金—再生资金"的规范运营流程。水果湖街道社区基金也实现了从无到有，慈善捐赠意愿从少到多，慈善资源从散发到汇集的转变。截至目前，水果湖街道共筹集社区基金13.7万元，17个社区均参与了社区基金筹款项目开发，共发动了2000余人次参与。社区志愿者注册率也从项目初期的15%上升到30%，志愿者活跃度最高接近100%。

具体而言，几点突出成效如下：

1.营造慈善文化，结合慈善赋能升级志愿服务培育

项目实施期间，水果湖街道坚持升级志愿服务培育与社区基金建设相辅相成，促进志愿服务与慈善文化发展相融合。即依托志愿精神打造志愿型社区社会组织，同时在传统的需求提出、活动开展、项目实施赋能基础上，加入慈善资源募集赋能，包括筹款、管款、用款等全流程的参与及培训，如此实现了以志愿服务和社区社会组织为依托，带动社区慈善主体培育，带动社区慈善文化营造，更加精准有效地解决社区治理难题。

2.提升全民慈善理念，汇民聚心规范社区基金全流程

项目团队突破传统的社区基金仅依靠社区或者社工发起筹款项目的模式，以"五社联动"为机制，引导本土志愿者、本土社会组织在社区基金建设中

发挥重要作用，从而促使更多居民了解社区基金，最大限度地推广了社区基金的在地作用，引导更多居民参与进来，这更有利于社区基金长期有机发展，真正践行了"人人慈善、人人公益"的全民慈善理念。

3.贯通人财物服务的治理生态链，促进社区治理可持续

本项目以升级志愿服务培育为催化剂，促进社区基金这个新鲜理念的推广。从社区治理的层面促进居民角色转变，慈善众筹理念提升，践行了以社区居民为治理参与的主体、资源募集的主体、服务提供的主体、监管的主体。只有调动他们作为主体力量参与社区治理，才能真正盘活社区资源，发挥慈善资源最大作用，为慈善资源开发提供动力。

【研讨题】

1.在社会工作基础较好的地方如何持续发展志愿服务？

2.社区基金建设与运行如何高度贴合社区治理的需求，让社区居民更容易接受和推广？

3.如何运用"五社联动"模式促进慈善资源可持续发展？

📁 案例分析

案例展示了培育志愿服务组织与建设社区基金交织推进的服务过程。从志愿组织发展的过程可以看出当地慈善资源从散在到汇集，资金使用从普适到精准，资金管理从无到规范透明的全流程，更从这支组织的成长身上体现了志愿服务精神从被动变主动，服务能力从"组队伍＋供服务"到"定需求＋组队伍＋募资源＋供服务"赋能，社区慈善文化从薄弱到深厚的转变。

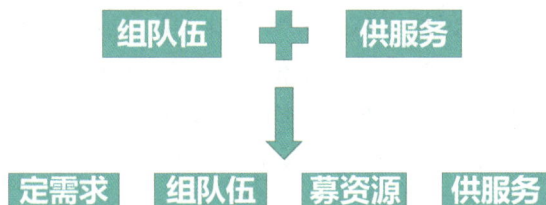

图8　志愿服务能力提升新路径

如此，通过全流程赋能助力社区志愿服务既形成了"需求自提—资源自筹—服务自供—社区自治"的社区治理生态链，又建立了社区基金"聚集资金—管好资金—用好资金—再生资金"的规范运营流程，两相结合，共同助推社区慈善资源开发的可持续性。

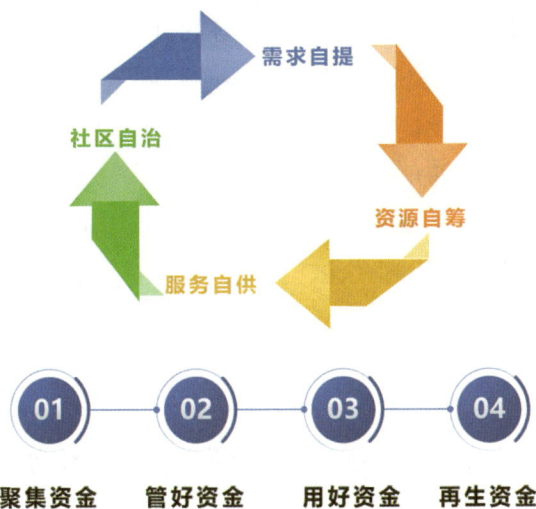

图9　社区治理生态链和规范运营流程

因此，本案例呈现以下几个方面的特点。

1."腾讯公益"项目落地各地的基础不同，作为一个前期"三社联动"基础建设较好的项目点，水果湖街道在"五社联动"框架下，除了发展社区基金，是否也要继续升级对社区社会组织和志愿服务的培育？在此问题牵引下，水果湖街道从本地具体情况出发，即志愿精神发展基础较好，但慈善投入不足，自主服务能力不足；社会资源丰富，但整合及发动不足等，确立了升级培育志愿服务组织与规范建设社区基金双目标、双进程思路，即将社区社会组织的培育和赋能嵌入社区基金建设中，不是社工募款给社区社会组织用，而是社工带领社区志愿服务组织自提需求、参与募款、自供服务，如此实现自主运行，为社区培育了3支真正自治的力量。

2.在升级培育志愿服务的同时，社区基金也因为得到多支社区志愿服务组织加入募款，每支社区志愿服务队又以服务回应社区居民真需求，如此扩大了社区基金的知晓度和影响面，助力社区慈善氛围的营造。慈善氛围的营造，使社区基金的自募自用有了群众基础，社区志愿服务组织的自主服务能力形成使得社区基金的开发具有了可持续性预期。

3. 在志愿服务和慈善文化联合培育的思路指引项目推进过程中，我们也发现了志愿服务在参与社区治理中与其他有效途径的高度兼容和加速催化的作用；更发现社区基金建设不是仅仅停留在数字上，而是作为社区慈善文化的载体，从而从社区自身内部促进慈善资源的可持续发展。

基于此，下一步，"腾讯公益"水果湖项目团队将尝试以此思路激活更多在地组织，培育它们自导自筹社区治理项目，持续升级社区志愿组织的全链条治理能力，专业社工的角色也将进一步实现从"三社联动"时期的"深度介入"向"五社联动"时期的"后退一步"转变，即在全过程赋能社区治理主体的情况下，社工主要发挥关注、支持、督导等作用。

专家点评

本案例展示了志愿服务组织与社区基金建设的交织推进，实现了从慈善资源散乱到精准使用的转变，同时志愿服务精神从被动到主动，服务能力显著提升，社区慈善氛围逐渐浓厚。水果湖街道的"五社联动"模式不仅提升了社区治理效能，更建立了社区基金规范运营流程，促进了社区慈善资源的可持续开发。案例中的"需求自提—资源自筹—服务自供—社区自治"生态链以及"聚集资金—管好资金—用好资金—再生资金"的规范运营流程，为其他社区提供了宝贵的经验。此外，志愿服务在参与社区治理过程中展现出的高度兼容性和催化作用，进一步证明了其在社区治理中的重要地位。未来，"腾讯公益"水果湖项目团队应继续深化这一模式，激活更多在地组织，培育其自筹自治能力，社工的角色也应适时转变，从"深度介入"到"后退一步"，发挥支持、督导作用，推动社区治理的全面发展。

志愿服务型社区社会组织培育类

"巾帼红"带动"志愿红"

——英山县方家咀乡白羊山村巾帼志愿者培育^①

![案例正文图标] **案例正文**

【引　言】2021 年 4 月，中共中央、国务院印发《关于加强基层治理体系和治理能力现代化建设的意见》，明确提出要"创新社区与社会组织、社会工作者、社区志愿者、社会慈善资源的联动机制"，同时要"完善基层志愿服务制度，大力开展邻里互助服务和互动交流活动，更好满足群众需求"。

【摘　要】2022 年 9 月，武汉市文澜社会工作服务中心"腾讯公益·五社联动·家园助力站"公益项目落地方家咀乡，将白羊山村作为志愿服务试点村，社会工作者入驻后，通过走访调研，发现村民的主要需求集中在日常生活困难、精神文化生活匮乏和留守妇女自我价值感不足三个方面，为此社会工作者通过"五社联动"机制，培育村民志愿者，参与社区治理，助人自助；建立社区志愿服务积分兑换机制，依托社区公益基金提供资金、物资支持，在一定程度上，丰富了村民的精神文化生活，吸引了更多村民参与村庄共建共促。

【关键词】留守妇女　志愿服务　积分兑换

---

①　本案例作者为中南财经政法大学副教授周冬霞，武汉市文澜社会工作服务中心熊李纯子、李岛娜。

本研究使用的"中国老年健康调查"数据收集得到了国家自然科学基金（项目批准号72061137004）、国家社会科学基金（项目批准号20BRK046）、国家重点研发计划（项目编号2018YFC2000400）与北京泰康溢彩公益基金会的共同支持。

深入一线，把脉问诊"需求方"

方家咀乡位于湖北省黄冈市英山县西南部白莲河水库上游，属于大别山区，面积 81.58 平方千米，距县城 13 千米，方家咀乡下辖 24 个行政村，其中白羊山村就位于方家咀乡最南部。白羊山村是白莲河库区村，2021 年，白羊山村千斤坪片区被确定为全国第二批红色美丽村庄试点村。村庄面积 4.8 平方千米，耕地面积 1260 亩，山林面积 2200 亩，背靠白莲河，村内山岭纵横、山多地少，辖区共有 560 户，户籍人口 2300 余，村民居住分散，这里盛产茶叶、石材。

近 20 年来，随着经济社会的发展，白羊山村村民以务农和外出务工为主要经济来源，由于乡村人口的持续流动，村中常住人口几乎只占户籍人口的三分之一，且其中多为妇女、儿童、老年人"三留守"人员。在空间上造成农村家庭"一家两地"分离，极大地影响了家庭功能的发挥，群众参与村庄治理事务意愿低，居民服务缺乏。

社会工作者在项目启动后，通过前期入户走访、多方访谈、问卷调查、座谈会等形式对服务对象及基层治理单位进行需求分析，发现服务对象的需求主要集中在以下几个方面：

一是日常生活服务困难。白羊山村位于方家咀乡最南部，距离英山县县城 20 千米以上，距离方家咀乡政府约 8 千米，距离最近的南河镇集市也有 5 千米左右的路程，且村中暂未开通公共交通，村中部分困难群体外出主要依靠步行，远离各类生活服务设施，日常生活照料存在困难。

二是精神文化生活匮乏。白羊山村常住人员中留守儿童与留守老人数量较多，但精神文化生活较为匮乏，很多村民闲散时间基本没有文化生活，以刷手机、打麻将、打扑克等娱乐为主。

三是自我价值感不足。在乡村中青壮年劳动力外出寻求更高的经济收入的同时，很多家庭会选择由妇女留守家中，承担起上有老下有小的家庭照料重担。这些留守妇女一方面要照顾家庭，另一方面想着在碎片化的闲暇时间增加收入贴补家用，家庭责任重但自我价值感普遍较低。

基于村民的以上诉求，社会工作者立马召开了需求探讨会，结合本地特点，决定分两步走。首先，培育村民成为志愿者，通过"五社联动"机制，参与社区治理，助人自助，提高服务对象精神文化生活水平，尤其是发挥妇女半边天的作用，招募较为活跃的妇女参与社区服务活动，培训志愿服务知识，引导本土志愿者参与乡村建设，为有需求的村民提供日常生活志愿服务，增强留守妇女自我价值感和效能感。随后，构建志愿服务积分兑换体系，发挥激励作用，以精神奖励为主，同时满足一部分志愿者贴补家用的愿望，借助社区志愿服务积分兑换活动，依托社区公益基金提供资金、物资支持，吸引更多村民参与村庄共建共促。

发掘居民"领袖"，找准服务"突破口"

社区居民"领袖"作为社区社会组织的负责人，主要任务是协助社区工作者开展社区服务，并管理好自己所在的组织。专业社工打算引导居民领袖从服务的协助者转变为服务的带领者，在实际的服务中赢得居民的信任，提升服务主动性和服务能力，强化居民"领袖"的核心地位。

经调研了解，村中常住人口大多为"三留守"人员，其中，留守妇女作为村中留守家庭的主要劳动力是较为合适的志愿者潜在群体。社会工作者通过白羊山村村"两委"的引荐分别与村中两支由留守妇女组成的文艺舞蹈队的队长取得联系。

在最初与妇女舞蹈队队长进行接触时了解到，其中一位队长对于志愿服务精神有初步认识，但另一位队长较为陌生，社会工作者当下为其科普了志愿者及志愿服务相关知识。经过多次接触取得队长信任后，在白羊山村村"两委"与两位队长的协助下，社会工作者依次上门为队员进行了志愿者和积分兑换活动相关培训与宣传，大多数队员仍持保守观望的态度，但也表示如果村里有需要自己愿意"帮忙"。

基于此情况，社会工作者邀请大家参与社区活动的协助工作，通过简单的力所能及地维持现场秩序、指引人员签到、打扫卫生等协助工作，让志愿者们感受到志愿服务并没有想象的那么困难。

随后，社会工作者协助两支志愿队伍分别申报方家咀乡"微光"微公益大赛，指导队伍开展不同形式和主题的志愿服务活动，例如迎冬至、迎春节、

图1　元宵节看望村中五保老人

图2　清理白羊山村千岛湖景区垃圾

元宵节等老少康乐的节日活动，或是填补路面、清洁公共环境卫生、义务植树等志愿服务活动，拓展志愿服务类型与服务对象群体。带领志愿者尝试策划活动、展现风采，鼓励志愿者自主思考更多的志愿服务方向，拓展服务领域与人群，更加贴合当地村民的实际需求，开展符合当地特色的志愿服务项目。

村中居民距离各类社会服务设施远，社会工作者在服务过程中发现很多老年人有理发、剃须、修面的需求。社会工作者在与志愿者接触时了解到其中一名妇女志愿者自学过理发手艺，时常为自己家和邻居的老人理发，但因手艺有限，只能够提供单一服务，不能满足部分老人剃须、修面的需求。为此，社会工作者联合村"两委"，又链接了2名曾开过理发铺子的老年志愿者，在"二月二"当天组织3名志愿者开展便民志愿服务，现场提供理发、剃须和

图3　填平入村路面坑洼

图4　清理老年活动中心花园杂草

图5 "二月二"为村中老人义剪

图6 为瘫痪在床老人入户理发

修面服务。之后，社会工作者多次组织志愿者为出行不便的老年人进行入户服务，将便民服务送到村民家中。事情虽小，但在村民心里种下了志愿的火种。

建立激励机制，激发服务"新动力"

社会工作者在项目启动后，依托社区公益基金，建立志愿服务爱心累积机制，搭建志愿服务积分兑换体系，构建"受助—助人—互助""奉献—回报—奉献"的志愿服务模式，激励妇女积极参与村居自治，激发她们的服务热情，营造"我为人人、人人为我"的乡村志愿氛围。

在进行志愿者招募与培育的同时，社会工作者搭建了志愿服务时间积分兑换的初始体系，并且制定了试行版管理办法及积分细则等。

在2023年农历新年到来前，社会工作者组织全体志愿者在白羊山村开展了第一次志愿服务时间积分兑换暨志愿者表彰大会。通过统计志愿者出勤次数、服务时长和累计积分，评选出两名积极参与志愿服务活动的优秀志愿者进行现场公示，并为其颁发荣誉证书。之后，将所有志愿者的实际积分情况进行公示，现场进行物资兑换，让大家的付出变成看得见、摸得着、实打实的奖励。

"我们本来以为你们只是说说而已，没想到真的兑现了。"其中一位志愿者阿姨这样感慨，借此机会，社会工作者鼓励志愿者们邀请自己的亲朋好友一同参与志愿服务，为美丽新乡村缔造共同出谋划策。

图7 志愿者积分兑换合影

图8 端午节妇女志愿者队伍建设活动合影

除了志愿服务积分激励机制，为肯定留守妇女志愿者的辛勤付出，社会工作者特意选在三八妇女节与端午节组织全体志愿者分别开展了两场团队建设活动，丰富留守妇女志愿者的业余生活，发现生活中随处可见的美好，鼓励妇女志愿者保持对生活的积极态度。同时借由活动为志愿者创造共同话题，增强志愿队伍凝聚力。

"字都不认识几个，画画是这辈子头一次，手都不知道怎么放了。"有位阿姨自嘲道。社会工作者使用绘画疗法技巧，指导志愿者们通过色彩抒发自己的想法与情绪。村里的留守妇女，平时多操劳家中的事务，很辛苦但难以得到社会的认可，社会价值难以发挥；参与村居事务，能让她们的社会价值得到提升，增强个人价值感。

【研讨题】

1.与政府和其他社会力量相比，妇女志愿者在乡村治理中有何独特功能？

2.留守妇女的个人价值感如何提升？留守妇女在家庭与集体中的社会价值感如何提升？

3.结合本案例和本地实际情况，乡村社会工作服务面临哪些制约条件？与城市社会工作服务相比有哪些独特之处？

4.社会工作专业服务有哪些特点？本案例对解决乡村"三留守"群体需求有何启示？

案例分析

一、将妇女志愿者作为乡村基层治理服务的中坚力量极具实践意义

在农村"三留守"人群中，妇女是家庭的主心骨，也是乡村振兴的重要力量。妇女本身就是有爱心、有热情的群体，她们特别关注村里的老人和儿童，发现他们有困难的时候会主动提供帮助。而孵化培育的过程就是把这群有能量的妇女聚集起来，进行体系化的培训，帮助她们学习知识技巧，增强服务意识和素质能力，规范管理，长效发展，使得"巾帼红"在乡村振兴领域发挥重要作用。

通过"五社联动"工作机制，社会工作者获得了英山县民政局、方家咀乡政府和白羊山村村"两委"的认可与支持，搭建社工站服务平台，培育出一批能做事、做好事的妇女志愿者，将志愿服务的新风带进了山村，打通了社区服务的最后一米，切实帮助村民群众解决生活需求。

二、基于乡村熟人社会开展社会工作介入的独特性

农村中人际关系相较于城市社区更为密切，人与人之间的联结更为紧密，村民之间相互熟识甚至大多互为亲属关系，人情社会的特征较为显著。社会工作者在乡村开展社会工作应充分发挥此特点。例如，培育志愿者时可以引导其从帮助熟识和存在亲属关系的服务对象开始，逐渐覆盖村中其他服务对象。从易接受的服务对象和易执行的服务内容开始了解志愿服务，更容易激发志愿者的归属感和成就感，为后期成长打好基础。

农村中常住村民群众生活范围相对有限，接触的人员也相对固定，对于外来的社会工作者较难建立深入信任。但是，社会工作者一旦与其建立起了信任关系，也更容易发展出进一步的感情链接，有利于社会工作者深入了解当地的风俗人情，融入当地居民群众之中，以制订更符合当地实情的服务方案。

三、以积分兑换激活公益慈善服务的"循环链"

在孵化培育和服务实践中，社会工作者积极探索"五社联动"工作机制，用志愿者积分兑换服务实现服务力量和服务资源的高度整合与高效配置，精准回应居民多样化、多层次需求，探索形成一条以社区为平台、社会工作者为支撑、社会组织为载体、社区志愿者为辅助、社会慈善资源为补充的社区治理服务"循环链"。

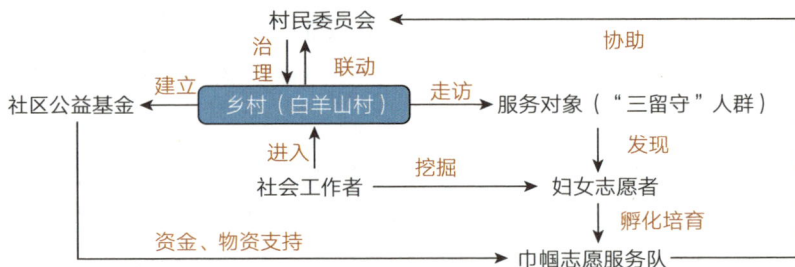

图 9 "五社联动"工作机制

社会工作者发现，志愿积分管理制度对于提高志愿者的积极性和参与度有很大的激励作用，发挥了良好的效应，形成了良性循环。在孵化培育的过程中，不可避免地会出现一些意见不合的情况，比如志愿者们之间的矛盾，队长与队员的矛盾，对积分兑换的怀疑，对社会工作者的不信任等，但正是因为在"发现矛盾—解决矛盾"的过程中问题得到了妥善解决，反而增强了队伍的凝聚力，让队伍不断进步，更加鲜活，具有生命力。

专家点评

从社会工作专业视角来看，白羊山村的巾帼志愿者培育案例是一次成功的社区参与和赋权实践。社会工作者通过深入调查，精准识别了留守妇女在日常生活、精神文化及自我价值感上的需求，巧妙地运用"五社联动"机制，将留守妇女转化为社区治理的积极力量。这一策略不仅解决了实际问题，还提升了妇女的社会地位和自我认同。案例中，社会工作者通过发掘和培养居民领袖，引导留守妇女参与志愿服务，不仅增强了她们的社区责任感，也拓展了她们的社会网络。同时，建立的志愿服务积分兑换体系，巧妙地将物质激励与精神激励相结合，有效激发了志愿者的积极性，形成了可持续的服务循环。此外，社会工作者通过组织多样化的活动，如节日庆祝和便民服务，不仅丰富了村民的精神文化生活，还促进了社区凝聚力的提升。通过团队建设活动，如绘画疗法，进一步增强了留守妇女的自我价值感，使她们在照顾家庭的同时，也能在社区事务中找到自我实现的平台。然而，乡村社会工作服务也面临挑战，如信任建立的难度、服务资源的有限性以及志愿者管理的复杂性。但本案例中，社会工作者通过建立良好的合作关系，逐步化解了这些难题，展示了社会工作在解决农村"三留守"人员问题上的创新性和有效性。综上所述，白羊山村的案例为乡村社会工作提供了宝贵的实践经验，它强调了社区参与、志愿者能力建设和激励机制在社区治理中的关键作用，也揭示了社会工作在增进乡村社会福祉和促进乡村振兴中的重要作用。

聚焦人居环境改善，共同缔造美好村社

——洪湖市曹市镇梅桥村激活村民内生动力①

案例正文

【引　言】近年来，湖北省认真贯彻习近平总书记有关志愿服务重要指示精神，深刻总结新冠疫情防控志愿服务的做法和经验，探索建立"五社联动"机制，实施"五社联动"项目，推动志愿服务项目化、组织化、常态化，促进志愿服务有效融入社区治理，助力提升基层社会治理能力和水平。

【摘　要】中国共产党湖北省第十二次代表大会提出，广泛开展美好环境与幸福生活共同缔造活动，发动群众决策共谋、发展共建、建设共管、效果共评、成果共享。本案例通过坚持"五社联动"机制，运用"共同缔造"理念，聚焦改善群众身边、房前屋后人居环境的实事、小事，广泛发动居民群众主动参与共同缔造村社美好环境，推动梅桥村"亮化"。

【关键词】"五社联动"　居民参与　美好环境　共同缔造

2022年4月，洪湖市曹市镇实施"腾讯公益·五社联动·幸福家园助力站"项目，选取梅桥村为曹市镇社区公益基金试点村。

梅桥村有耕地6335.03亩，村民小组8个，总人口2197人，常住人口836人。该村具有传统村落的一般特点，一是民富村穷，公共设施投入少；尽管村民耕地面积大，但是村集体资产少、收入渠道窄，一遇到公共设施投入就捉襟见肘。二是乡贤多但参与少；村里曾为修路筹资，善款遭挪用（相关责任人已被依法处理）伤害了村民们的公益心。资源少，"心伤了"，因此，如

---

①　本案例作者为洪湖市曹市镇人民政府，荆州市清源社会工作服务中心刘萍、赵耀。

何调动村民参与美好环境共同缔造的积极性，成为"五社联动"项目进驻后摆在社工面前的当务之急。

用好"田野调查"，走到村民当中去

通过走访调查以及开门纳谏活动，社会工作者发现梅桥村有两个主要问题。一是村干部在调动村民参与方面有畏难情绪。当地改善环境的资金主要来源于收取卫生费和捐款。过去善款被挪用，失信于民，使村民只愿意当旁观者，不再愿意共建共筹。所以当环境整治需要劳力时，村民也习惯性地以雇工市价向村干部讨价还价，本就财政困难的村委会即使开出日薪150元的条件也难以"招聘"到"临时工"。再者，走出去的成功乡贤实力雄厚，对村干部的治理能力寄予期望，这使得村干部自惭自愧、"望而生畏"，不敢与之接触去链接资源。二是村居环境需要整治。村民对美好环境的期许，主要集中在安装路灯、清理沟渠、硬化田埂等事项，且一致认为当前安装路灯的需求最为迫切，村内主干道夜间漆黑，作为人流车流进村出村的必经之地，交通安全隐患极大。

因此，社工评估认为，当前梅桥村的需求和目标是紧扣美好环境与幸福生活共同缔造的主题，凝聚乡贤情志，赢回村民信任，落实多元共治。一是赋权增能村干部，依托曹市镇社区公益基金，打破固有的田埂工作惯性或柜台工作惯性，重构一种职业形象与效力，提升其信心和治理能力；二是运用"五社联动"改造村居环境，孵化培育"美巧说事网红志愿服务队"，动员乡贤募集项目资金，创造性地解决安装路灯等资金问题和工程质量公开监管难题。

运用"四大策略"，聚焦服务效能

为充分回应村民群众需求，顺利解决村里的难题，社会工作者主要运用了"四大策略"开展服务。

调解行动的策略

面对曾经的失信事件，社会工作者要帮助村干部、乡贤、村民消除隔阂、重新连接。逐渐消除村干部的不自信之心；消除村民及乡贤因失信事件而先入为主对村干部产生的诸多顾虑和负面情绪，从而满足双方共同需要。

发掘村社内外部资源的策略

在内在资源方面，挖掘梅桥村乡贤优势，以 HH 为代表，新乡贤主体财力雄厚、热衷公益，德高望重、美名远扬。调动并提高村干部的治理能力，突出其特质，重塑形象，使村干部队伍表现出更为鲜明的个人魅力，或严谨公道、受人敬重，或勇猛威武、能镇邪痞，或年轻谦逊、与时俱进，或亲和温柔、融入妇女，或耿直精明、仗义有情。以村干部、乡贤等主体为核心开展资源链接，既是一种凝聚村民的吸引力，又是一种优质资源的聚集方式。个人魅力的叠加作用发挥过程，也能彼此增能、达到改变的目标。在外部资源方面，腾讯公益慈善资助、地方政府政策影响、社会工作者陪伴引导、社区社会组织网络支持等系统间共促共发，村干部的群众引领功能得到进一步发挥，有效激活了多元共治。

运用活动作为介入的策略

围绕带动村民共同缔造的目标，在梅桥村组织开展相关的节日主题活动。活动不苛求完美，其标准以符合村干部现有组织能力为宜，能够匹配农村场域村民期许的欢乐热闹、融洽互动即可。活动的拍照、会标、宣传动态撰写也要兼顾基层行政任务需要。联动的资源和设备，以就地取材、简便有效为原则。

运用影响力的策略

为了有效提供帮助，社会工作者有意识地运用暗示、劝导等技术，运用关系、环境等各种能够影响服务对象改变的力量，促成赋能目标实现。

"小杠杆"撬动"大资源"

社会工作者与各方达成共识，确定共同目标。在进行调解介入时，社会工作者以圆桌会议的形式引导村干部、老党员、村民代表达成共识，明确了应该尽快为村内主干道安装路灯，避免交通安全事故发生的目标。以此为话题，社会工作者多次联合村干部拜访乡贤志愿者 HJ，开门见山请求帮助。

乡贤志愿者充当"急先锋"，发挥表率作用。在多次接到村干部求助信息之后，2022 年 6 月 30 日，HJ 表态愿意牵头联动省内外的乡贤企业家进行专项筹资，并反向要求村干部尽快撰写《同心同向托举家乡倡议书》和亮化梅桥方案书。7 月 17 日，"两书"定稿，可据此积极发动乡贤共筹资金，HJ 自己主动认捐 1 万元，一时之间，认捐好消息不断。

为了扩大梅桥项目宣传力和影响力，村委会协调社会组织参与，同频共振。村委会引入了曹市镇"美巧说事网红志愿服务队"，在"99 公益日"专门录制劝募视频，发挥好短视频劝募作用，筹集专项基金。

与此同时，腾讯公益、湖北省慈善总会等慈善资源为公益活动提供支持。社会工作者联合村委会在"幸福家园"村社互助平台注册认领了社区，网络空间的职业形象和伙伴关系带来的新鲜体验，激励了村干部迅速审视自己该如何链接腾讯公益等慈善资源、如何引入曹市镇"美巧说事网红志愿服务队"。

2022 年中秋节，活动介入的策略作用开始显现。社会工作者联合梅桥村村干部帮助邻村（向群村）策划举办中秋晚会。该活动通过召集志愿者村民踊跃献演，亮相表演大舞台，开展文艺惠民活动，并在现场宣传"腾讯公益·五

图 1　2022 年社会工作者联合村委会开展"梅桥村农民趣味迎春"活动

社联动·幸福家园助力站"项目。活动的成功举行，同时作为一种赋权增能的优质资源，使梅桥村村干部得以守住旁观者的冷静与理性，见证了群众参与幸福生活共同缔造的无限可能。

在经过多轮邀请、会谈、确认后，11月25日，梅桥村正式组建了乡贤群。2023年1月19日，社会工作者退出，村干部结合之前承办中秋晚会的经验，紧扣春节主题，登台进行初心演讲，宣传"亮化梅桥"计划，并带领返乡农民趣味迎春。"五社联动"促成的拔河比赛、花鼓戏演出、手作花灯送福、锣鼓喧天载歌载舞等一场场文艺惠民活动，一举消融了横亘在村干部与村民之间的"信任隔阂"，并将梅桥村全体村民对美好环境与幸福生活共同缔造的热情推向高潮。

社会工作者运用影响力策略，向梅桥村最知名乡贤HH宣传项目，并引导村干部及锋而试，1月20日在湖北省慈善总会幸福家园平台发起"亮化梅桥"专项筹款，筹款目标10万元。万事开头难，开好头就不难。当天即筹得善款1.93万元。

2023年2月20日，湖北省慈善总会"幸福家园"页面显示，曹市镇"亮化梅桥"已达成筹款目标10万元，累计奉献爱心32人次。至此，"五社联动""亮化梅桥"项目取得圆满成功。随后，该项目以全过程公开透明的专项网络筹资为工作方法，以清晰便捷的网络链接形式呈现在村民微信群，并接受全民监督。

"微实事"推动"大进展"

"亮化梅桥"项目在网络筹款期间，获评过两次湖北省慈善总会"周筹款冠军"；筹款满额后，湖北省慈善总会主页进行封账公示，激发了村民参与共同缔造美好环境与幸福生活的热情。

专项范围不断扩大

眼看10万元社区基金筹款逐渐满额，村民一致要求扩展亮化路段。钱从哪里来？村民愿意出！大家的事情大家说了算！当即，村民三五成群，拿出现金进行众筹。星火燎原，共同缔造势不可当。目前，"亮化梅桥"项目社区基金数额已经到位了23.35万元。

图 2　村民通过众筹为村里配置"公益垃圾桶"

乡贤变被动为主动

乡贤不仅在捐款阶段展现出强大的筹资粘连性与带动力，而且主动深入安装设计、预算制定、产品取舍、厂家筛选、合同谈判、发票开具、质量验收、监工督工、动态宣传等环节，有组织地派专人督促村干部高效执行，营造梅桥村美好环境与幸福生活的氛围，推动梅桥村一跃成为里程碑式的共同缔造高地。

公益众筹的"涟漪"效应

2023 年 2 月 2 日，梅桥村二组青年 ZJ 效仿公益逻辑，以"二组乡贤聚力清理河道"的名义号召本村组同龄人捐款。计划筹款 1 万元，结果一天筹得 0.91 万元，经过拍照公示后转款委托村委会执行。3 月 16 日，ZJ 收到执行后的河道对比图，向社会工作者反馈满意，自豪之情溢于言表。

社会工作者与村民的共同努力，在梅桥村实现了社区治理参与人群由乡贤扩大到普通青年的蝶变，实现了参与方式由社工主导到村民主导的蝶变，参与范围由安装路灯扩展到各种公共事务的蝶变，呈现星火燎原的可喜势头。

【研讨题】

1. 在农村地区，如何更好更快地获取村民的信任和支持？

2. 运用"五社联动"发动居民群众参与基层治理创新服务，在服务过程中，会受到哪些因素的影响和制约？

3. 社会工作者在此案例中发挥了哪些功能和作用？

案例分析

一、运用公益慈善手段解决村社问题的挑战与困境

《关于推进社会公益事业建设领域政府信息公开的意见》指出："社会公益事业是增进民生福祉、惠及社会大众的事业，关系经济社会协调发展，对于保障和改善民生、促进社会和谐稳定、传承民族精神、引领社会风尚具有重要意义。"公众参与社会公益，要协调好公益和公众两个主体。

公益本身必须是多元的、开放的。以公益组织为代表，要有多样性的组织类型，多元化的参与渠道，方便各类公众群体的参与；要能够让公众参与进来，并可以监督、问责公益组织。

公益需要有专业保障。在运用公益慈善平台开展立项、筹款、管委会决议事项、经费使用与监督、跟踪成效等过程中，需要专业的人员来进行管理，要促进居民参与监督。而公众参与需要意识、能力和环境的保障，公益是科学的慈善，需要有专业的方法、科学的体系推动公众参与，才可能持续地发展下去。因此，公益需要一批专业的、专职的、有责任感的公益人持续不断地推动公众参与，推动公益慈善的发展。

二、"五社联动"在该案例中的具体运用分析

《中共中央 国务院关于加强基层治理体系和治理能力现代化建设的意见》提出："完善社会力量参与基层治理激励政策，创新社区与社会组织、社会工作者、社区志愿者、社会慈善资源的联动机制。"运用"五社联动"机制推动社会力量参与社会治理是加强基层治理体系和治理能力现代化的内在要求，

也是治理实践中需要破解的难题。"五社联动"的关键就是坚持以党建为引领，把群众的问题与需求作为出发点和落脚点，以社区为阵地引导社会组织充分融入，促进社会工作者、社区志愿者、社会慈善资源联动发展，促进"五社"优势互补、有机融合，为基层治理"提速赋能"。

本案例中的"五社联动"的探索，打通了社区资源链接路径，促进资源互助共享，多方共赢，形成良性循环。村委会、社会工作者、社区社会组织、社区志愿者、公益慈善资源五方联动，共同缔造小基金，解决村里的大小问题。案例中，以村民心心念念的环境整治事项为纽带，通过网络线上劝，线下跑，广播喊，用"五社联动"带出为民服务的实效：社会工作者引导形成共同目标；社区乡贤志愿者充当"急先锋"，发挥表率作用；村委会引进社会组织参与，同频共振；社区公益慈善资源腾讯公益、湖北省慈善总会为项目背书，有效地提高了参与效率，深化了社群联结，使全民参与共同缔造易复制、好推广。

三、社会工作者在参与共同缔造过程中的角色与功能分析

服务过程中，社会工作者根据情境需要，切换扮演陪伴者、辅导者、促进者、意见提供者、权威中介人等角色，示范成为盘活资源的魔法师，成为启蒙新思想、开荒新领地、赋权新形象的一阵东风、一场春雨、一米阳光，帮服务对象之所需，却不是管理和控制，使服务对象因为相信社会工作者，开始相信自己，即实现生命对生命的影响。这是最大的成功之处，也是"五社联动"最紧要因素。如果没有社会工作者专业介入，服务对象的变化难以如此深刻，梅桥村的共同缔造也难以如此惊艳。

社会工作者介入是为了更好地退出，该案例服务过程当中最大的不足，是社会工作者限于精力，尚未为梅桥村培育出本土社会工作者以实现共同缔造自运转和"五社联动"自循环。

📝 专家点评

从社会工作专业的角度来看，梅桥村的"五社联动"案例充分展示了社会工作者在社区治理中的关键作用。社会工作者通过深入的田野调查，准确

把握了社区需求，运用专业方法重建了村民与村干部之间的信任，激发了居民的参与热情，实现了社区资源的有效整合。首先，社会工作者通过调解行动策略，修复了因历史事件导致的村民与村干部之间的裂痕，增强了双方的互信。他们挖掘并调动了村内的潜在资源，尤其是乡贤的力量，通过乡贤的示范作用，成功动员了村民参与公共事务。同时，社会工作者还通过举办活动，如农民迎春活动，提升了社区凝聚力，增强了村民的归属感。其次，社会工作者在项目实施过程中，扮演了辅导者、促进者和资源链接者的角色。他们引导村民参与决策，推动了"亮化梅桥"项目的实施，并通过腾讯公益等平台，成功筹集资金，达到了公益众筹的"涟漪"效应。这种模式不仅解决了资金问题，还提升了村民的参与意识和能力。总的来说，梅桥村的案例是社会工作介入社区治理的成功典范，它展示了社会工作在促进社区共同缔造、提升基层治理能力方面的巨大潜力。

"夕阳红"助力基层治理，
"老红帽"谱写服务新篇

——谷城县城关镇创建志愿服务长效机制 [①]

📁 案例正文

【引　言】湖北省委、省政府将"五社联动"纳入《关于新时代推动湖北高质量发展加快建成中部地区崛起重要战略支点的实施意见》《湖北省国民经济和社会发展第十四个五年规划和二〇三五年远景目标纲要》《关于推动新时代全省民政事业高质量发展的意见》等重要文件，将"五社联动"机制提到了新的高度。

【摘　要】依托"中华慈善总会·五社联动·志愿加油站"谷城县城关镇社会工作服务项目，运用地区发展模式和增能理论，挖掘社区低龄老人志愿者，撬动社会资源，培育社区志愿服务组织，健全志愿服务制度、推进志愿服务积分激励机制建设，强化内生动力，推进志愿服务制度化、常态化发展，有效激发了社区居民、社区社会组织、志愿者等参与社区治理的积极性，深入开展"美好环境与幸福生活共同缔造"活动，助力形成"共建共治共享"的基层治理服务格局。

【关键词】"五社联动"　志愿者激励　社区社会组织　社区治理

谷城县城关镇黄康街社区，是典型的城乡接合社区。社区常住居民807户、3215人，分设4个居民网格；社区居支"两委"干部5人，交叉任职3人；党员82人；社区老龄化严重，60岁以上老人占常住人口的34%；妇女、

---

①　本案例作者为谷城县五谷社会工作服务社杨俊姣。

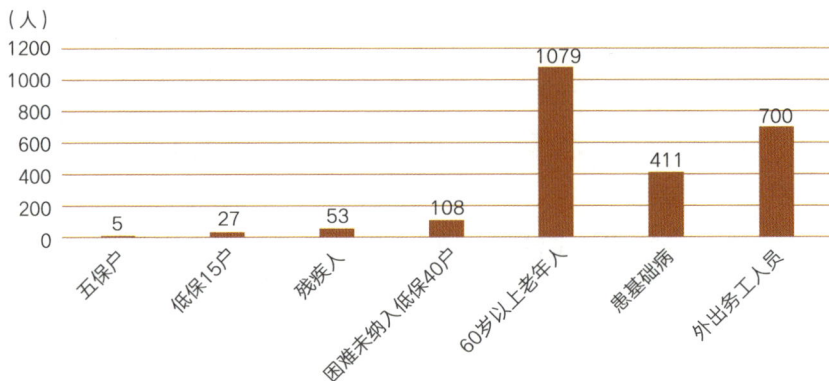

图1 2022年底黄康街社区特殊困难对象人数

儿童、老年人"三留守"及特殊困难群体占比较大。

黄康街社区作为村改居社区，社区的基础设施一直在不断完善，但社区的治理水平和能力还存在不足。其具体表现为：一是社区公共空间治理混乱，因社区范围较大，加之居民环保意识不强，人居环境整治是社区治理一大难题；二是居民社区意识薄弱、社区认同感不高，很多居民往往是以看电视、打麻将、聊天等消遣娱乐，参与社区集体事务的积极性不高，活跃度也不够，存在社区认同感低、获得感不强的问题；三是特殊困难群体照料问题，社区人口老龄化严重，"三留守"人员和特殊困难人群较多，特殊群体的照料为社区工作的一大重心。

虽然社区居委会在人财物等方面的配备在持续加强，但社区事务日渐繁重，社区工作者被行政化工作牵绊，单纯依靠居委会的力量，难以充分履行与日俱增的社区责任。因此，建立和完善社区多元行动主体参与机制，促进不同主体之间的协同合作，形成社区工作合力，是分担社区基层治理压力的必然选择。

以需求为导向，以理论为基础

2022年8月，社会工作者正式入驻黄康街社区后，即开展了需求调研工作，结合调研情况了解到，黄康街社区自实施美丽乡村建设以来，打造了城南樱花谷乡村旅游景区，进行了村庄规划、房屋改造、道路硬化等建设活动，打造了文化示范带、建设文化广场，宣传文明乡风，为居民提供了文化娱乐活动场所。随着硬件设施的更新，居民对于居住的环境"脏、乱、差"问题逐渐不满起来，大多数居民反映"路修了，灯亮了，但环境卫生差了，垃圾到处都是，不但影响居住心情，也给前来樱花谷游玩的游客留下了不好的印象"。

社会工作者发现，社区很多地方杂草丛生，环境脏乱差现象严重；社区公共区域管理无序，居民在住宅楼下违规搭建车棚、灶台、家禽居所等，在公共道路上随意堆放谷堆、柴垛。公共区域环境卫生维护性差，社区内背街小巷无人清理，社区居民的公共卫生意识薄弱，致使社区环境"脏乱差"现象长期存在，社区虽然采取多种举措进行治理，但效果均不明显，环境卫生整治是社区当前要解决的迫切问题。

在了解社区及居民需求后，社会工作者决定以社区环境整治为切入点，发掘志愿者，培育社区社会组织，对社区志愿者增权赋能，使他们提升自身能力，掌握与他人交流的技巧，让他们意识到自己有权利参与社区的管理，动员社区居民共同参与社区卫生环境问题的解决和社区治理；在社会组织和社会工作者的协助下，调动社区居民的参与、互助、合作，促使社区居民关注社区共性问题、广泛参与讨论、积极采取行动、共同解决问题，运用各种外部援助和内部资源，解决社区问题。

该案例服务以增能理论和地区发展模式作为推进服务的理论基础。增能理论又称赋权理论，是一种协助个人、家庭、团体和社区获取发展能力的社会工作理论，主要包括个人层面、人际层面和环境层面。个人层面是指通过深入挖掘服务对象自身的优势和潜能，增强其自信；人际层面是指与他人交往时感觉自己能够掌握一些谈判和决策技巧；环境层面强调整个社会的资源再分配，由一个群体转移到另一个群体。

地区发展模式是社区工作的介入模式之一，其目标在于实现社区自治能力和社区资源的整合；其工作重点是鼓励社区居民自主解决社区问题；培养社区成员的民主意识；发展社区社会组织；提高社区居民参与公共事务的意识。

以党建为引领，以专业为核心，有效发挥社区"平台"作用

社会工作者以"社区党组织"服务项目为契机，积极发挥社区党组织的领导作用，梳理整合社区的"五社"资源，如社区现有的志愿者数量及自组织、开放社区综合服务设施、筹建社会工作服务室、社区志愿服务站、公益慈善设施建设等，为开展社会工作服务提供便利条件。同时对辖内社区居民及特殊群体底数进行摸查，梳理出社区及居民在社区治理、文化娱乐、生活服务等方面的需求清单。

社会工作者通过适当介入社区事务，提供合理化的意见和建议，并进行项目宣传及志愿者招募，提供专业化的服务，让社区居民进一步了解和接纳社会工作者，为后续相关工作的开展打下良好的基础。

搭建志愿服务平台，发掘志愿服务力量

由于黄康街社区青壮年劳动力大多外出务工，常住居民以留守老人和低龄老人为主。社会工作者依托传统节日，组织开展各类主题特色活动，一方面宣传项目内容和志愿服务精神，让更多的社区居民知晓并参与志愿服务；另一方面在活动中发掘热心居民，将其转化为志愿服务骨干。

70岁的陈阿姨，在社区门口经营一家五金店，是社区里的热心大姐，她主动接送社区内的离退休老人去银行领取养老金，闲暇时带着一帮老姐妹在社区广场跳舞、健身。社会工作者发现她对待居民热情周到，群众基础好，参与服务细致耐心，具备较强的亲和力。在社会工作者的鼓励下，陈阿姨多次在各类社区活动中担任协助工作，很快，陈阿姨便成为一名社区志愿骨干，目前是社区环境整治志愿服务队的队长，她不仅自己长期参与志愿服务，还先后带动了30余名老人加入社区环境整治志愿服务队。

以环境整治为切入点，培育志愿服务类社区社会组织

为整合社区现有自组织资源和文化资源，社会工作者组织社区广场舞队

的骨干开展了"一起共成长"志愿者能力提升小组，使其了解及掌握志愿者服务内容、志愿者服务精神等基础性知识，促使他们进行角色转变，促使文娱类组织向志愿服务类组织发展。

在社工的推动下，队员们共同制定志愿服务队章程、相关管理制度，推举队伍领袖及进行后续活动规划，社区的第一个志愿服务类社区社会组织——"美好家园我来爱"环境整治志愿服务队，也就应运而生。社工引导志愿者们首先以某一个小服务领域为切入点开展志愿服务，经过协商议事，志愿者们最终决议以"社区人居环境整治"作为志愿服务队的第一站。

在创建省级文明城市期间，环境整治志愿服务队的队员们通过开展文明劝导、社区道路清扫、家庭入户宣传等形式多样的活动，争当文明城市的宣传员、勤务员、监督员，用实实在在的付出，为文明城市的创建贡献自己的力量。队员们积极报名参加2023年"五谷深情·味在谷城"农旅博览会暨2023年城关镇樱花文化旅游节志愿服务活动，文明观赏、交通指引、便民接水、垃圾清理，"红马甲"身影俨然成为一道亮丽的风景线。

在"五社联动"机制下，社会工作者结合社区人员特征，重点挖掘社区低龄老人志愿者骨干，与社区需求、居民需求有效对接，先后培育了以关爱困境儿童、促进儿童安全与健康成长为主题的"萤火虫关爱儿童志愿服务队"，以探访关爱困境老人为主题的"陪伴夕阳关爱老人志愿服务队"，以环境整治

图2　志愿服务队工作剪影

支持社区建设为主题的"美好家园我来爱志愿服务队",以及女子军鼓队和民俗表演志愿服务队 5 支队伍,这些志愿服务组织在提供社区服务、建设社区文化、满足社区需求等方面发挥了重要作用。

以赋能为驱动,以增效为关键。赋能培训,推进社区社会组织建设

为提高辖区志愿服务队伍的综合素质,社会工作者针对组织"领袖"进行系统全面的专业培训:从活动发布、招募人员到开展活动时签到、扫码、拍照,再到活动后志愿服务时数确认等操作,提升骨干成员的活动策划、活动统筹等方面的能力;促进志愿服务队伍的管理活动系统化、常规化、数据化、规范化发展,激发社区社会组织的自主性,提高组织服务能力。

同时,定期开展分享会、团队建设,进一步激发组织成员的志愿服务热情,增强团队凝聚力,巩固组织架构;通过召开志愿者交流大会及各类培训活动,让志愿者们分享交流在志愿服务过程中遇到的问题,促使志愿者掌握一些志愿服务技巧和方法,对组织成员增能,提高志愿服务队伍的综合素质,提升其参与社区建设和社区治理的效能。

建立长效激励机制,推动志愿服务可持续发展

为着力解决志愿服务中的志愿者活跃度低、持久性差的问题,社会工作者结合"时间存折"志愿服务品牌,为参与志愿服务的志愿者发放时间存折,登记服务时长,建立志愿服务积分兑换激励机制,调动社区居民参与志愿服务和社区治理的积极性。

同时,通过不断完善慈善爱心超市的管理制度及各种兑换制度,推进志愿服务积分兑换激励机制的落实,使社区志愿服务工作向常态化、制度化的标准靠近,让志愿者在提供服务的同时感受到价值感,实现志愿服务"双向"发展。

截至目前,黄康街社区注册志愿者达 545 人,累计志愿服务时长达 1 万余小时,服务人次达 1 万以上。目前已开展多次积分兑换活动,兑换物资已达 3 万余元。

开发社会慈善资源，激发社区治理内生动力

社会工作者积极整合社会资源，依托城关镇社区公益基金，积极链接各企事业单位、爱心商家等开展募捐活动。截至目前，累计链接爱心物资 10 万余元，均用于辖区特殊困难群体志愿服务、志愿服务积分兑换等。

社会工作者不断丰富积分激励机制内涵，将"爱心超市"与"时间存折"志愿服务机制相融合，以"时间存折"为抓手，让志愿服务活动"转"起来，活动阵地"实"起来，爱心超市"活"起来，进一步推动志愿服务和慈善资源有效融合，实现慈善资源的双向循环。

【研讨题】

1. 在"五社联动"机制下，社区、社工、社会组织如何通过媒介进行有机结合？

2. 在乡村振兴战略背景下农村社区治理现代化的运行逻辑中，志愿者积分兑换制度如何保持良性循环？

3. 发展社区治理类的社区社会组织如何让当地志愿者更容易接受，更有意愿广泛地参与？

案例分析

一、运用"五社联动"机制促进农村社区治理现代化的现实意义

随着乡村振兴战略的推广实践，农村社区社会经济普遍得到快速发展，农村社区居民的自身观念、社区利益格局、社区发展模式均发生了显著变化，主要表现为社区居民主体性意识更加明晰、利益诉求更加多元化、对社区公共生活的"公共性"要求更加强烈。为了实现农村社区治理的现代化，解决新时代农村居民日益增长的美好生活需要和不平衡不充分的发展之间的矛盾，迫切需要运用改革手段、创新机制推动农村社区治理现代化转型，"五社联动"作为湖北省疫情期间探索形成的一种创新的基层治理新机制，运用联动协商

治理模式对新时期化解农村地区社会矛盾、保障民生权益、维护社会稳定等具有重要意义。

本案例从多元参与主体、协商治理和典型案例角度对农村社区治理现代化进行了初步探索，充分认识到农村社区是农村社区居民新型的生活共同体，要从治理主体、治理方式和治理实践等角度推进农村基层社区治理，"五社联动"的运行逻辑和服务框架即注重以居民群众为中心，促进各方联合、联动，通过各方参与加强农村社区治理体系建设，推动社会治理重心向基层下移，实现政府治理和社会调节、居民自治的良性互动，构建共建共治共享的治理格局。

二、在志愿服务积分兑换机制实践中促进志愿服务长效健康发展

志愿服务积分兑换制度是志愿服务激励保障制度的一部分，对于激励志愿者和促进志愿服务发展起到了重要作用，但在实践中，也可能会因为实际操作引发的矛盾和纠纷越来越多，影响了志愿服务的可持续性。例如志愿服务时长的记录、积分兑换的地域范围限制、所兑换资源的稳定性、积分制度的监管等流程化问题。

在实践探索中，在志愿服务时长的记录方面，记录主体、记录流程和记录方式良莠不齐，容易导致记录时长不真实、不规范等问题，出现记录丢失、人为涂改甚至伪造记录等现象，这些都应该避免。各地都存在"积分兑换的地域范围限制"的问题，积分兑换实施细则各具特色，仅仅在当地村或社区实施，各地互认积分尚存在探索的空白，可以尝试通过搭建线上志愿服务智慧化平台，对志愿服务活动信息、时长及积分录入、兑换资源等进行动态汇总，采取线上线下不定期兑换形式，推动志愿服务高效发展。在积分兑换资源方面，除日常生活用品、活动参与机会、休闲体验项目、生活服务外，还可以考虑其他更贴近生活、更普惠的激励方式，探索涵盖衣食住行用等方面的兑换机制。负责志愿者积分兑换工作的各监督主体应明确监督的责任、规范监督的内容，掌握恰当的违规处罚方式，这对于志愿服务的规范发展和激励志愿者参与志愿服务都是非常重要的，有利于促进志愿服务的良性发展。

三、基层社区治理情境下的社区志愿组织培育路径

在社区场域内，社区志愿组织在激发社区治理内生动力、增强居民归属

感和认同感等方面发挥着不可或缺的作用。作为一项长期存在于社区场域的系统性治理结构的重要组成部分和重要参与主体，社区志愿组织的培育发展是一个循序渐进的过程，是社区场域内多重因素共同作用的结果。在社区治理与建设过程中，应充分认识到治理主体所处的发展阶段，并根据实际情况进行相应的介入，建立共同遵守的秩序与规则，在主体互动中循序渐进地解决社区问题、维护社区秩序，在均衡发展的状态下建构"命运共同体"。

社区志愿组织的发展不是一蹴而就的，而是需要循序渐进地进行，其间可能经历曲折和反复。如果社区志愿组织发展过快极有可能"欲速则不达"，在短期内难以直接提升社区治理水平和治理效能。

在本案例中，社会工作者通过组织一系列的节假日和特色主题活动，例如文艺演出、书画比赛、兴趣小组等，让居民相互熟悉，交往沟通，并将部分有积极性的社区成员发展成志愿者骨干，使其参与如布置儿童活动会场、协助公益活动签到、游戏协助等活动，增强居民的凝聚力，提高居民认同感；同时，从本土的文娱舞蹈队入手，引导社团向社区治理类社会组织转变，从而培育社区治理类社区社会组织。

📝 专家点评

从社会工作专业角度来看，谷城县城关镇"五社联动"项目展示了地区发展模式和增能理论在基层治理中的有效应用。该项目成功地挖掘了社区内部资源，尤其是低龄老年志愿者的潜力，通过志愿服务组织的培育，提升了社区居民的参与度和社区认同感，有效解决了社区环境治理问题。社会工作者在项目实施中扮演了关键角色，他们首先进行了深入的需求调研，识别出社区的痛点，然后以环境整治为切入点，激发居民的参与热情。通过搭建志愿服务平台，发掘并培养了如陈阿姨这样的社区"领袖"，她们不仅自身积极参与，还带动了更多居民加入志愿服务队伍，形成了良好的社区治理氛围。积分兑换制度的建立，是激励机制创新的体现，它不仅提高了志愿者的参与度，还促进了社区资源的循环利用。同时，社会工作者通过培训和分享会，提升了志愿者的综合素质，增强了团队凝聚力，确保了志愿服务的可持续发展。然而，挑战依然存在，如志愿服务积分兑换制度的标准化和监管问题，以及如何进一步扩大志愿者参与面，特别是让志愿者更容易接受并广泛参与社区治理类社会组织。这些问题需要在实践中不断探索和完善，以确保社区治理的长期稳定和有效性。总的来说，谷城案例为社区治理提供了宝贵的实践经验，它证明了社会工作专业方法在基层治理中的价值，也为其他地区提供了可借鉴的模式。未来，社会工作专业将继续在社区治理中发挥其独特作用，推动社区的自我发展和共同治理。

"志愿红"缔造社区"邻聚力"

——武汉市江岸区球场街道"红翼店小二"联动"五社"志愿服务 ①

案例正文

【引　言】《省文明办　省民政厅关于完善"五社联动"机制　助力新时代文明实践志愿服务的意见》(鄂民政发〔2022〕15号)(以下简称《意见》)指出，创新社区与社会组织、社会工作者、社区志愿者、社会慈善资源的联动机制(以下简称"五社联动")，提升基层治理社会化、法治化、智能化、专业化水平。

【摘　要】2018—2020年，武汉市江岸区球场街道、球场街道社会工作服务站(以下简称"社工站")和武汉市万帮社会工作服务中心(以下简称"万帮")共同创建了"青翼""银翼""彩翼"三个社会工作服务品牌，分别针对青少年、老年人、妇女开展志愿服务。湖北广播电视台采访"三翼"时，社区工作人员曾骄傲地说："在我们球场街道组织活动，不用花一分钱!"

2020—2022年，疫情让曾经活跃的"三翼"志愿者和志愿者团队陆续"流失"。同时在"双减"背景下，占据社区慈善资源最大份额的教育培训资源也依次"退场"。面对社区居民多元需求和"全新"挑战，2022年7月，球场街道"腾讯公益·五社联动·家园助力站"项目联动同庆阁社区正式启动了"红翼行动"，在党员志愿者先锋的带领下，重新打通"社区需求—资源协作—志愿者参与—组织执行—群体受益"的服务路径，打造"一月一主题、一月

① 本案例作者为武汉市万帮社会工作服务中心邱樊、成汉施，由武汉市万帮社会工作服务中心督导邢媛媛、球场街道同庆阁社区居委会委员王晓倩、武汉市江岸区球场街道团工委副书记李瑞指导。

一资源（企业）、一月一组织、一月一服务"红翼店小二志愿服务模式，为共同缔造美好家园贡献出一份志愿力量。

【关键词】社区治理　"五社联动"　志愿服务　社会组织

一、关注需求，灵光乍现

"以前你们举办的老年人活动还有吗？""这周六你们这儿还有青少年活动吗？""你们举办的急救培训能不能多几场？"2022 年 7 月前，社区居民通过线上和线下多次询问上述问题。虽然同庆阁社区联动社工站在服务条件允许的情况下，已开展一系列社会工作服务，但相较于新冠疫情前的"三翼"服务，还是呈现出了"捉襟见肘"的境况。"小社工！"这是社区文娱团队对社工的昵称，"你们下次举办活动缺人手，可以喊上我们，我们来给你帮忙，我可是党员！"就是这样的一句话，让社工站的社工"醍醐灌顶"：在新局势下，有必要引导社区 15 支文娱团队成为志愿服务组织，特别是动员党员志愿者。

2022 年 7 月"腾讯公益·五社联动·家园助力站"项目（以下简称"项目"）落地球场街道同庆阁社区，社工开始梳理社区志愿服务现存的问题和需求：社区志愿服务质量有待提升、志愿服务开展有待规范、志愿服务内部管理欠缺、志愿服务应对特殊需求能力不足、志愿服务类型阶段性匮乏、志愿服务常态化保障不足。

二、协商议事，对症下药

从"灵光乍现"走向"愿景蓝图"，让社区文娱组织率先参与到社区志愿服务中，2022 年 7 月 29 日社区、街道社工站、社区文娱组织、党员志愿者共同进行了第 1 次议事协商。在议事会上大家全票通过实施"红翼行动"。但是社区文娱组织和志愿者也问出了心中的诸多顾虑，例如"我们真的可以独立地开展志愿服务项目吗？""志愿服务和我们的文娱排练可以结合吗？"等等。

针对"顾虑"，社工站和社会工作者又陆续进行了 3 次社会组织的协商议事，最后确定了"红翼行动"的服务策略。

第一，建立"红翼"培能坊，为社区志愿者提供志愿服务通识培训，为社区志愿服务持续增能。

第二，利用"五社联动"机制，为社区志愿者、社区志愿组织、爱心企业参与社区志愿服务创造服务"场域"。

第三，关注社区特殊群体的志愿服务需求，例如独居和空巢老人面临着家庭火灾、家庭紧急事故、社区高空抛物等风险，组织社区服务者开展个案服务。

第四，"深耕"志愿者积分激励机制，搭建社区、社区居民、企业等多方主体交流平台，实现多方资源的交换与流通。

三、志愿服务，缔造蜕变

"参与'红翼行动'志愿者命名投票共346人，经街道社工站统计，'红翼店小二'获263票，自此'红翼店小二'成为'红翼行动'志愿者共同的名字，特此通知！"有了"新代号"，社区文娱组织如何蜕变成"红翼店小二"？什么是社区的"红翼店小二"？

（一）"红翼店小二"的蜕变

1.挖掘培育社区志愿服务"达人"

"红翼行动"从15支文娱队伍中挖掘出愿意参与志愿服务的社区"志愿"达人——"红翼店小二"后，社工带领"红翼店小二"组织开展丰富的小组活动：旗袍走秀小组、戏剧弹唱小组、广场舞小组等，通过活动寻找新的社区"达人"，培养"达人"的领导力、组织力。社区"达人"组建了8支文娱型社区社会组织，从中再次"挖掘"出"红翼店小二"。

2."红翼"培能坊的培力赋能

社工通过"红翼"培能坊的"实训、实练、实践"闭环能力提升模式，为"红翼店小二"和"红翼行动"统辖的社区志愿组织赋能，内容涵盖志愿团队管理、沟通技巧、活动策划等。"红翼"培能坊定期开展梳理会，了解社区志愿组织发展动态，梳理下一步发展计划。在"实训"阶段通过"红翼行动"带领"红翼店小二"、社区志愿组织参与助老扶贫、文化建设、便民服务、美丽家园建设等社区服务，在实践中总结经验，提升服务能力。

3.完善志愿者积分激励机制

"红翼行动"深耕志愿者积分激励机制，将志愿者服务时长兑换成志愿积分，用志愿积分兑换福利和物资，或通过积分评定优秀"红翼店小二"等，以促使志愿者保持对志愿服务的积极性。

（二）"红翼店小二"的服务模式

1.一月一主题——红翼志愿者共商、共议服务目标

参与"红翼行动"邀请的社区社会组织共同商议社区服务需求，根据需求开展每月志愿服务，并联动社会资源。通过商议的过程，加深"红翼行动"志愿者和社会组织对社区问题的了解，形成共识，让服务惠及更广泛的人群。

2.一月一资源（企业）——"五社联动"链接资源

在"五社联动"机制下，"红翼行动"依托街道社区公益基金，积极联动社会资源，依据每月服务主题，邀请更多爱心企业参与志愿服务，使爱心企业的资源投放更加精准。企业除捐赠资金和物资外，也可以派志愿者参与服务，促进多方协作交流。为实现自身"造血"，"红翼行动"与湖北广播电视台、湖北省谈笑公益慈善基金会成立了"红杉树社区基金"，共募集善款及物资 23780 元，支持"红翼行动"志愿服务支出 16141.31 元。

3.一月一组织——"红翼店小二"轮流当值

"红翼行动"的社会组织以"类型分组＋兴趣分组＋自愿分组"的模式，轮流当值每月的"红翼行动"。每月当值的社区社会组织经过"红翼"培能坊持续培训赋能，在活动中组织、规划、服务、联动，在实践中获得成长。

4.一月一服务——为特定群体定制志愿服务

"红翼行动"启动后，"红翼店小二"协同街道社工站、街道社区工作者、下沉党员、爱心企业和组织，持续为球场街道特定服务群体开展每月至少一次的特色活动，大大拓展了社区服务的覆盖人群。

（三）"红翼店小二"的服务

这是"红翼店小二"做的——

2022 年 10 月，"我们是球场街道的'红翼店小二'！"这句口号出现在江

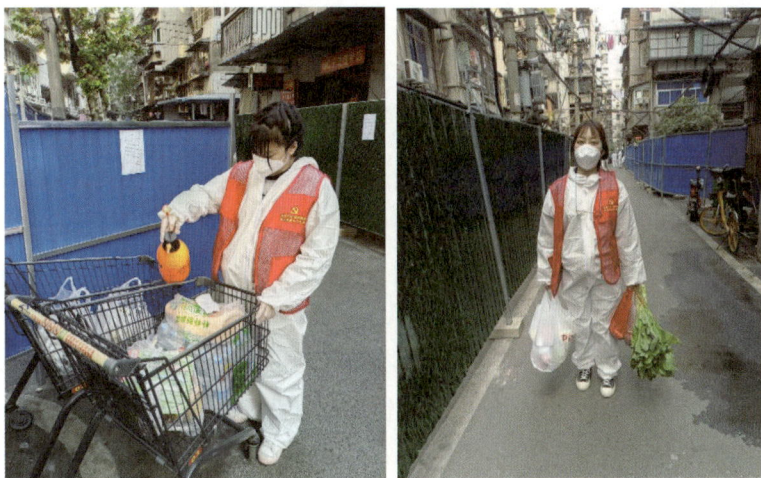

图1 "红翼店小二"参与社区疫情防控工作

岸区 16 条街道和百步亭社区。"红翼店小二"在参与街道疫情值守、志愿消杀等工作的同时，还依托街道社区基金链接价值 9653.97 元的疫情防护用品，送给江岸区近百名社工、社区工作者，助力其"站好疫情的最后一班岗"。

1. "拉窗帘"行动

"红翼行动"针对贫困人员、重点优抚对象、重度残疾对象、失独家庭、独居高龄老人等服务对象，提供个性化的定制服务，例如"拉窗帘"行动——

"每天早上，看到窗帘拉开了，就知道老人是安全的，我们也就放心了。"68 岁的"红翼店小二"张阿姨是与社区 80 多岁谢奶奶结对的志愿者，每天早上和傍晚，看到老人的窗帘正常开启、拉上，她都会在微信群里给大家发个照片，报个平安！这就是"拉窗帘"志愿者服务队每天在做的事。通过社区摸底，选取年龄偏大、行动力差、体弱多病的老人作为服务对象，征得老人家人同意后，与老人达成"拉窗帘"协议，志愿者在每日巡查中通过"拉窗帘"了解情况。参与行动的志愿者都居住在被帮扶老人家附近，每天早晚观察窗帘是否正常开合，责任到人，并将巡查照片发到微信群里，这样既不过多打搅老人生活，还能第一时间了解老人的健康情况。

2. "邂逅"红十字博爱红

"我们真的可以独立策划使用这 5 万元吗？""那是当然了，这就是我们一起争取来的啊！"这是"邂逅"红十字博爱红第一阶段最常见的对话。

"小社工，你看看我注册成为红十字志愿者没有？是不是注册成功后我就能考取中国红十字急救证了？""注册成功了，你要努力参加线上线下的学习啊，阿姨如果你考上了可是我们社区居民身边的急救员啦！"这是"邂逅"红十字博爱红第二阶段红十字急救证考试报名现场的一段对话。

"我是本月当值的'红翼店小二'，那就由我来分工了。小社工陪着老张、老李到白血病孩子家里了解具体情况，我和老姐妹去一趟武汉市红十字会看看如何申请人道救助的5万元，明天上午10点，我们再在社区的博爱家园碰头！"这是发生在"邂逅"红十字博爱红第三阶段的故事。"红翼店小二"陪伴刚刚确诊白血病的小朋友度过生命的特殊阶段。

"邂逅"红十字博爱红回应了社区独居和空巢老人应对家庭火灾、家庭紧急事故等"风险"的需求。联动街道社工站链接武汉市红十字会、江岸区红十字会等慈善资源，落地实施了社区红十字"博爱家园"项目，实施经费5万元。伴随"博爱家园"项目实施，"红翼店小二"着眼社区层面的红十字精神宣传、红十字志愿服务和红十字人道救助等，完成"完整闭环"的"练兵"！

3."红翼行动"公益集市

"红翼行动"中除了"一月一主题、一月一资源（企业）、一月一组织、一月一服务"的主题志愿服务，"红翼店小二"还定期在街道各社区开展公益集市，以街道社区基金作为爱心义卖、募集善款的端口，通过公益集市提供一系列志愿服务，例如，义诊、家电维修、家政体验等便捷服务，以及法务咨询、应急救援等实用技能培训等。

（1）"红翼行动"社区基金100天爱心打卡行动

2023年2月，"红翼行动"社区基金100天爱心打卡行动正式开启，于2023年7月圆满结束。在这100天的时间里，社工在拥有473名居民的微信群里，连续100天坚持在微信上签到打卡，以持续打卡的方式，来培养社区居民的爱心和公益意识。通过组织定期探访孤寡老人的活动，为老人送去温暖和关怀；开展了社区环保宣传，组织居民参与垃圾分类和环保志愿活动；还为困难家庭提供物资援助和生活帮助。通过直接捐赠、社工代捐、志愿服务队长统筹捐赠等方式，成功募集善款1万元。此善款将用于支持社区内的慈善事业，帮助辖区内有需要的人。

（2）"我是社区'红翼'当家人"社区治理微公益大赛

"我是社区'红翼'当家人"社区治理微公益大赛，由街道社工站联合街道社区基金，以及"红翼行动"志愿服务队共同举办。"红翼店小二"、社区居民、社区社会组织与社区围绕社区治理提出"议题"，并由"红翼行动"志愿服务队进行统筹实施。在大赛中最终胜出的项目为老年人服务类和便民服务类，每个项目都成功筹集到了 2000 元。社区微公益项目不但解决了社区长期以来存在的问题，而且满足了居民的需求，极大地提升了居民的生活品质与幸福感。

四、初见成效，再扬风帆

"红翼行动"使社区志愿服务力量和社区社会组织更加深入参与基层治理，形成"人人有责、人人尽责、人人享有"的社区志愿服务共同体，营造"邻里守望相助、共建美好家园"的社会氛围。

（一）初见成效：社区志愿服务项目获得奖励

2022 年，在由湖北省发展和改革委员会和湖北广播电视台联合主办，湖北广播电视报承办的"第三届最美社区人"评选活动中，"红翼行动"的同庆阁社区红十字人道宣传志愿者服务队荣获了"湖北省最美社区志愿者团队"称号，成为全省获此称号的 3 支社区志愿者团队之一。2023 年 7 月"红翼行动"的"红十字志愿红接力照亮生命前路"再次荣获由武汉市精神文明建设指导委员会办公室和武汉市民政局授予的"创新志愿服务项目"称号。

（二）再扬风帆

1.志愿者人数显著增加，志愿服务能力增强

通过"红翼行动"吸引社区热心居民积极参与志愿服务，积分激励平台新注册志愿者人数稳步增长。新志愿者培训让新志愿者了解到志愿者角色定位、服务价值、服务技巧、服务注意事项等。社工通过讲座、小组等形式，以"红翼"培能坊为依托进行志愿者能力建设，并根据志愿者的优势、特长提供有针对性的服务。志愿者的社会交往不断拓展，自信心也不断增强。

2.社区自治组织发展壮大，组织管理更加完善

志愿者队伍不断发展壮大的同时，吸引了更多有专业特长的志愿者群体，形成包括社区居民志愿者、服务对象志愿者、专业志愿者以及高校志愿者等在内的更加多元的志愿服务队伍。

【研讨题】

1. 社区志愿服务中常常会出现居民参与性不足影响社区自治等问题，结合本案例或当地实际情况谈一谈破解之法。

2. 本案例对于社区志愿服务如何做到可持续发展有何启示？

3. 社区志愿服务在社区治理水平越来越高的背景下面临怎样的挑战，如何有效地强化志愿服务的专业性？

案例分析

一、社工培育社会组织参与社区志愿服务助力社区治理

（一）积极培育社会组织，提升居民公共精神

社区志愿服务中，常常面临居民参与性不足的问题，这直接影响了社区自治的效果。经过深入分析，我们发现本质上这是群众公共精神的缺失，而社区组织是培育公共精神的重要载体。社工们坚信"人在情境中"的理论，即在与他人合作的过程中，参与社区社会组织可以帮助居民培养合作的技巧和共同分担责任的意识。

为了提升居民公共精神，社工积极发展、培育社会组织，并提出"四步工作法"社区社会组织培育工作法（见图2），围绕不同阶段、不同来源、不同形态的组织精准定位，提供培育服务。这些组织为社区居民提供了一个互动的平台，通过彼此之间的交流与合作，居民们的相互信任和合作得到了加强。

同时，社会组织也成为构建社区公共空间、居民议事的重要载体，为后续志愿服务的开展提供了良好的土壤，也为社区自治打下了坚实的基础。

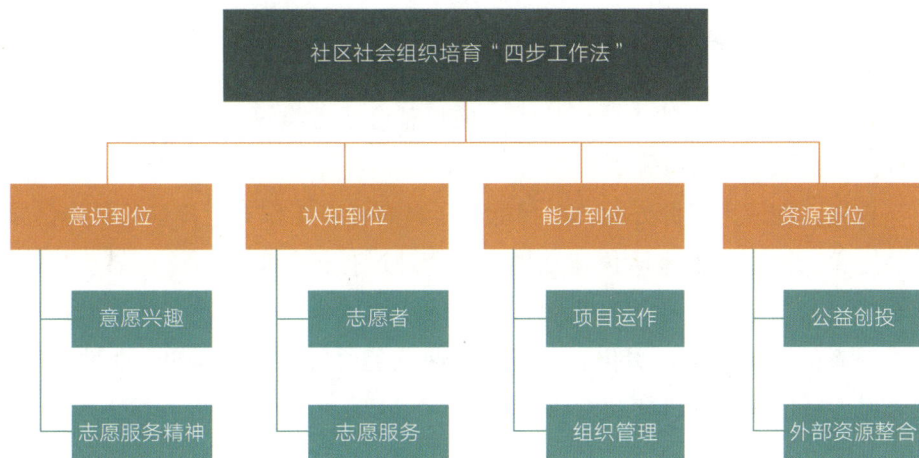

图2 社区社会组织培育"四步工作法"

（二）培育社区组织志愿服务路径清晰有效

文体类社区社会组织数量多、自发性强，但往往组织较为松散，对社区治理参与不多。项目从一开始就以文体类社区社会组织为切入点，通过社工有意识、有计划地引导，使其从松散的组织状态发展到更加完善有序的组织状态。

社工通过"红翼"培能坊"实训、实练、实践"闭环能力提升模式，支持社区社会组织提升志愿服务能力和组织管理水平，带动其开展助老扶贫、文化建设、便民服务、美丽家园建设等不同形式的活动，让文体类社区社会组织更多地关注和参与社区公共事务，进一步凸显了社区社会组织的"公共性"。

图3 "红翼"培能坊闭环能力提升模式

二、"五社联动"助力社区志愿服务可持续发展

在"五社联动"的工作框架下，项目整合了各类可利用的社会资源，助力社区志愿服务可持续发展。

首先，在人力资源方面，项目配备了具有社会工作专业背景的机构督导、项目主管，协助志愿者队伍建立规范化管理运行机制，包括且不限于有效的招募机制、落地的专业培训机制、完整的志愿服务激励机制等，能提升每一位志愿者的服务水平，深化志愿服务，保证了项目实施过程的专业性，以实现志愿者队伍本身的可持续发展。

其次，社工积极推动志愿者团队与社区居委会的沟通，充分考虑社区实际所需，发挥志愿者的专业特长和资源优势，帮助志愿者团队设计有创新性的社区志愿服务项目。一方面为项目实施和项目宣传提供良好的保障和便利的条件，另一方面为社区提供更有针对性的优质服务。

再次，社工依托社区公益基金整合爱心企业和组织资源，得到了广泛的社会支持，一方面以捐资捐物、志愿服务等形式参与"红翼""五社"解忧杂货铺——志愿服务进社区品牌服务，另一方面为志愿者积分激励平台中积分的兑换提供更多可选方式。

最后，社工充分发挥新闻媒体的舆论宣传作用，借助社区内各种宣传阵地，通过线上线下渠道结合，让更多的社区群众了解志愿服务的内涵和意义，以及参与社区志愿服务的条件，树立社区志愿服务典型，让志愿服务的理念深入人心，进一步调动社区居民参与志愿服务的积极性，促进社区志愿服务的可持续发展。

📝 专家点评

该案例以新冠疫情后，社区在资源链条断裂的背景下展开的"自救"行动来介绍社区的"五社"志愿服务。该社区在"腾讯公益·五社联动·家园助力站"项目的资助下，利用民主的方式成立"红翼店小二"社区志愿服务组织，基于社区现存的志愿服务需求，制定了以社区为场域、"五社联动"为机制、个人持续增能、个案服务与社区服务相结合的服务策略；利用"一月

一"系列社区特色活动，充分吸纳爱心企业、基金会等资源，持续链接资源、推动社区特色服务，为志愿者增权赋能，提升社区治理效能。后期社区可以对志愿服务团队采取更丰富的激励模式，并通过更多利用该模式所获得的奖项推动模式进行品牌化、标准化，以吸引更多资源投入，并将该模式"因地制宜"地扩展到更多的社区中，以带动基层社区治理。

印美丽蓝图，刷幸福生活

——幸福美家自管会助力潜江市园林街道金陵寺社区蝶变"幸福家园"[①]

案例正文

【引　言】在推进社会治理体系和治理能力现代化进程中，"五社联动"是促进基层社会治理的重要工作机制，湖北省民政厅积极探索和推进在社区、社会工作者、社区社会组织、社区志愿者和社区公益慈善资源"五社联动"的框架下发挥社会工作者专业优势，联动"五社"力量，提升社区治理能力，构建共建共治共享的社会治理共同体，其中，社区社会组织参与社区治理是做好"五社联动"的重要环节。

【摘　要】"五社联动"是推进基层治理机制的创新方式，社会工作是政府推动基层治理创新的重要臂膀。本案例以潜江市园林街道金陵寺社区印刷厂小区这个"单位型"小区为例，这里因管理缺失引发院内乱搭乱建、下水道堵塞严重、道路破损、安全隐患等诸多问题，这些问题导致小区矛盾不断升级。园林街道社工站根据印刷厂小区实际情况，因地制宜采用了地区发展模式，发挥专业作用参与小区治理行动，最终形成了以社区、社会工作、社区社会组织"三社"为核，带动社区周边公益慈善资源和志愿服务力量参与社区治理的"五社联动"模式。

【关键词】社会组织　社区治理　居民参与　地区发展

---

①　本案例作者为潜江市五角星社会工作服务中心肖雪，由潜江市五角星社会工作服务中心督导李婷、武汉爱熙社会工作服务中心总干事陈凌指导。

聚焦"老大难"问题

潜江市园林街道金陵寺社区成立于 2003 年，辖区驻社区行政企事业单位 19 家，常住人口 3882 人。印刷厂小区是金陵寺社区典型的"单位型"社区。印刷厂小区始建于 20 世纪 80 年代，前身是印刷厂职工住宿区，共有 7 栋居民楼 200 户 465 人，于 2003 年改制后移交社区管理。由于缺乏管理，院内乱搭乱建情况严重，居民私自搭建车棚、架空层 87 户，严重影响小区道路通行；小区地势低洼，下水道堵塞严重、道路破损，逢雨必淹，车辆和行人难以出行，致使小区矛盾不断。经过两次老旧小区改造，小区焕然一新，下水道重新布局、路面全部硬化，安装了路灯和监控，小区基础设施全部更新，院内环境整洁、干净、舒适，居民生活环境得到了极大的改善，出行问题也获得了有效解决。小区改造完成后，小区仍存在下水道局部堵塞、墙面漏水等情况，车棚无人维护，车辆乱停乱放，进出小区安全隐患等情况，小区管理成为社区的"老大难"问题。同时，社会工作者了解到，小区早在 2017 年就成立了一支自管服务队，在活动开展和新冠疫情防控工作上都起到了积极作用，但由于服务队没有固定"领袖"，目前处于"僵尸"状态。

2022 年 4 月，"腾讯公益·五社联动·家园助力站"公益项目落地潜江市园林街道，潜江市五角星社会工作服务中心在潜江市民政局和潜江市慈善总会的支持下，成立了园林街道社区基金，组建由慈善、街道、社区、社工机构、社区社会组织成员组成的基金管理委员会，并制定了社区基金管理办法。基金成立后，社会工作者充分利用社区地处中心城区的区位优势，通过多次线上线下宣传动员，运用合作共赢模式，链接辖区单位、银行、商户积极参与，为社区基金注入强大力量，短短几个月时间，共计链接物资资源 5.2 万元，助力 3 支社区社会组织孵化培育并常态化开展各类服务、开展 5 次社区主题活动、助力解决社区问题 3 个。社区基金的运用有效盘活了辖区资源，为老旧小区的管理和发展带来了新生动力。

解决当前印刷厂小区管理面临的问题，发挥社区基金的资金集聚作用，让小区居民积极参与小区管理是一个可以尝试的路径。社区基金的成立为社区工作的开展提供了支持，扩大了社区居民的参与范围，通过议事协商机制，引导居民以社区具体问题为切入点，参与社区事务的讨论和社区问题的解决，居民讨论社区议题、提出解决方法、实践解决过程，助力社区社会组织的培育，搭建居民主动参与、勇于参与的平台，形成居民长效参与的机制，实现居民的"真参与"，提升居民的认同感、幸福感，真正推动社区治理的发展。

广泛动员，成立自管服务队

经过前期需求调研及走访工作的充分铺垫，在社区党委的支持下，社会工作者广泛动员，召开居民大会，协商解决小区管理事宜，居民共同讨论并达成一致意见，不引进第三方物业公司，激活自管服务队，通过民主推荐、举手投票的方式选举了队长和核心成员，依托红色物业服务站，以服务队为主导，实行居民自管，由小区党员和志愿者主动认领门房值班、花坛养护、便民维修、环境整治、车辆管理、矛盾调解、活动对接等治理岗位。

2022年5月，印刷厂小区幸福美家自管会成立，核心成员5人，固定志愿者16人，均为印刷厂小区常住居民。服务队秉承"远亲不如近邻"的理念，围绕"邻"字发力，探索实践邻居里、邻聚力、邻距离"三邻工作法"，推进老旧小区"旧貌变新颜"，组织动员小区居民建设亲邻小区、幸福邻里，共同缔造美好幸福生活。

为规范队伍管理，明确服务方向，在社会工作者的指导下，幸福美家自管会制定了《志愿者队伍管理制度》以及《志愿者积分管理制度》，同时制定了《小区自管规章制度》和《自管基金管理办法》。为提高自管会服务能力，社会工作者对幸福美家自管会成员开展组织活动、协调人员、困难人群沟通技巧等方面的培训，增强队员服务意识。社会工作者和幸福美家自管会共同策划了志愿者生日会，给志愿者提供沟通交流的机会，增强他们的团队凝聚力和集体荣誉感。

构建常态化活动体系，助力小区自治

为便于管理，幸福美家自管会组织小区召开居民大会，征收小区管理费

图1 幸福美家自管会带领居民一起包饺子

和停车费，设立小区自管基金，所收费用全部存入小区自管基金。针对小区没有门卫这一特殊情况，广泛征求小区居民意见，组织志愿者两人一组承担门卫职责，工资标准每月每组2500元，从自管基金中支付，承担环境卫生保洁、日间安保和小区秩序的维护等工作。

为调动居民参与小区治理的积极性，幸福美家自管会建立完善了志愿服务积分管理机制，定期开展积分兑换活动，年终进行小区最美党员、最美业主、最美家庭等评选活动，让小区居民深切体会到参与志愿服务的自豪感和获得感。

依托"腾讯公益·五社联动·家园助力站"公益项目，社会工作者协同幸福美家自管会链接辖区资源开展了丰富多样的小区活动，如三八妇女节联合金逸影城组织小区妇女免费观影、邀请消防员带领居民进行消防演练、联合园林卫生院在小区开展"健康义诊"、联合辖区商圈开展学雷锋日活动等，并主动邀请小区居民、志愿者共同参与，通过活动的开展，建立与居民之间的信任关系。

与此同时，幸福美家自管会积极开展矛盾纠纷调解工作，真正达到了小事不出小区、大事不出社区的效果。此外，还组织为患尿毒症的居民募捐，开展邻里关照、困弱人员关爱等服务活动，常态化开展垃圾分类宣传、党史学习教育以及各类节庆活动，在社区创城攻坚、疫情防控等重点任务中，守

图2　社工和社区社会组织活跃在社区

好楼院、当好管家，让小区服务更贴心、居民生活更温馨。

自管会发力　小区治理井然有序

　　幸福美家自管会在成员构成、人数、服务频率方面都较为稳定，能够长期在小区管理中发挥作用，通过志愿服务的影响和带动，小区内越来越多的居民积极加入自管队伍，营造了互助互爱的生活氛围。

　　通过幸福美家自管会的带动，加强了社区居民之间的联系，促进了邻里和谐，将原来分散的居民凝聚到组织当中，有利于社会治理共同体的构建。居民对社区事务参与度提高了，居民群众愿意为小区贡献自己的力量，越来越多的居民自主加入，自主清理小区楼道卫生，共同努力创造良好的居住环境。

　　挖掘了志愿者的优势，提升了他们的价值感，使其发挥余热。小区里也存在很多有爱心的居民，他们退休之后感觉难以发挥自身的优势和价值，通过邀请他们加入幸福美家自管会，为民服务，发挥作用。他们感叹说："身为小区的一分子，能够为大家做些事情，说明我们还有价值。"

　　融洽了小区居民之间的关系，构建了和谐小区。小区内残疾人也积极主动参与志愿服务，改变别人对自己的看法，拉近居民之间的关系，更有利于整个小区的和谐稳定。

助力小区"红色物业"建设，树立良好的小区形象。便民利民小分队精准服务，加大小区环境卫生整治力度，小区面貌焕然一新，提高了居民的幸福指数，让红色物业真正"红"起来。

提升了社区居民的参与感、获得感与幸福感，在组织孵化培育后，通过开展居民议事会、团建活动、能力提升培训等，不断提升社区社会组织能力，逐步实现社区营造由"输血式"向"造血式"转变。通过各个媒体的报道以及进入社区开展各类宣传，持续地为居民提供有效的知识、信息，让居民感受到社区氛围的正向变化，并在一定程度上推动了社区居民公民素质的提升以及自身成长。正是通过这种线上线下的双重网络拓展，社区社会组织在队伍壮大的同时，执行力和影响力也持续提升。

从总体上看，印刷厂小区组建幸福美家自管会的实践，实现了社区自治、居民参与以及个人增能、人际增能和社会参与增能的有机统一，并在此过程中培育和塑造了社区的志愿和公共精神。目前，印刷厂小区在幸福美家自管会的带领下，通过建组织、强服务、搭平台，团结多方力量，凝聚广泛共识，把握民心民意，让小区环境整洁、秩序井然、居民和谐，走出了一条"红色引领、居民自治"的基层治理新路径。

【研讨题】

1. 社会工作者如何推动社会组织成为社区治理的共同体？
2. 如何通过"五社联动"机制助推基层治理体系和治理能力现代化？
3. 本案例对探索"熟人社区"治理模式有何启示？

案例分析

一、社会组织参与基层社区治理的重要性

社区、社工、社会组织、社会慈善资源、社区志愿者是社区治理的重要主体，"五社联动"是加强和创新基层社会治理的重要途径。社工发动社会组织参与社区治理，是做好"五社联动"的重要环节，社工利用"社会组织成

为社区治理共同体"增强社会组织参与意识和服务意识，吸纳居民参与，解决社区问题。

自幸福美家自管会成立以来，队伍充分发挥主观能动性，凝聚基层党员，团结小区居民，积极配合社区相关工作。实践中我们发现，发展居民自治，让居民按照自己的想法规划服务方向，自己提想法，自己作决策，自己享成果，不但提高了居民解决实际问题的能力，还提高了其参与志愿服务的积极性和成就感。

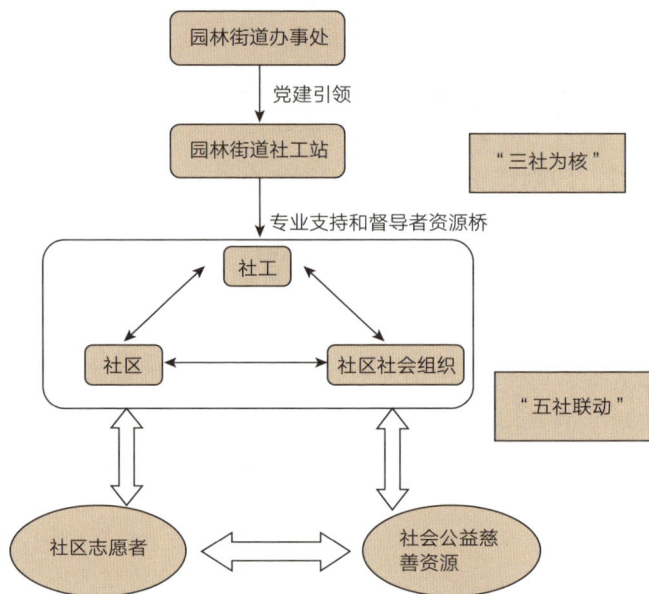

图3 "五社联动"工作模式

二、社会工作者在基层社会治理中的角色定位

在基层治理实践中，社会工作者主要发挥整合资源、链接资源、政策倡导等作用，以"一核多元"模式为抓手，以增强社区居民骨干的能力为核心，带动整个小区的管理，让更多的居民骨干主动参与社区治理，构建共治共享新格局。在地区发展模式的指导下，社会工作者应充分信任服务对象拥有改变现状的能力，这一点在本案例中得到充分体现。社会工作者不断引导社区居民主动、深入、持续地参与社区治理，使每个居民成为自己生活的参与者

和监督者，营造了一个良好的社区治理环境。此外，社区治理需要社区各方共同努力，需要日积月累的辛勤耕耘。社会工作者应当继续扮演好"合作伙伴"的角色，通过与社区、社区社会组织、社区居民保持密切联系，促进社会工作与社区融合发展。

三、基层社区治理中"五社联动"的形成及其面临的挑战

在社区治理上，社区更易具有"五社"的元素，然而，如何形成"五社联动"的局面，对社区治理又有怎样的帮助，成为许多社区面对的难题。在本案例中，"五社联动"的产生过程是基于以下几个因素。

资产为本，开展"五社联动"理论指导。社会工作者在进行调研时，除了对社区问题和需要进行评估，还要挖掘出社区内潜在的能力和资源，相信居民才是社区发展的主要力量，社区有足够的资源和能力去解决目前的问题。通过广泛的动员，成立自管服务队，让居民更好地参与社区治理，同时，在开发社区资源与能力的过程中，幸福美家自管会积极链接各种资源，如三八妇女节链接金逸影城组织小区妇女免费观影；联合园林卫生院在小区开展"健康义诊"等。坚持资产为本，社会工作者不再是社区主要的服务提供者，而是把居民发展成社区服务的重要力量，发挥了居民的能动性和主体性。

满足需求，是"五社联动"的核心。"五社联动"就是要解决好社区治理的难题，真正满足居民的现实需求。目前，社区服务越来越趋向个体化，要实现多个主体的联动，就必须满足各方的需求。"腾讯公益·五社联动·家园助力站"公益项目的开展也与社区内希望动员居民参与社区治理的需求契合。

"五社联动"作为社会工作者介入社区治理的工具，要真正形成"五社"之间的联动需要考虑上述几个因素。目前，我国社区治理的主要问题是：以项目制为采购方式，项目周期短，不利于项目的深化；同时，社区治理对社工的专业能力和综合素质提出了更高的要求，这些都是当前社区治理面临的挑战。

专家点评

本项目以"五社联动"促进老旧熟人小区改造为背景，利用社区工作中的地区发展模式，依托"腾讯公益·五社联动·家园助力站"公益项目，激活社区的志愿资源，提高社区居民的参与度；同时依托幸福美家自管会组织开展社区的卫生清洁、社区安保、文化建设等活动，在提高居民个人能力的同时，促进社区治理，并通过规章制度、激励机制建立社区居民参与治理的长效机制。该模式中熟人社区的优势减少了社工在服务过程中的动员成本，社工利用居民中的先进力量"以点带面"地进行服务，提高了服务成效。后续还应该注重拓宽资源链接途径，并建立完善的社区资金筹措渠道以保证项目资金等其他资源的可持续性；同时应该细化社区居民自治组织的职能，打造更可持续、更细化的社区治理格局。

从农村"土班子"到志愿服务队

——鄂州市梁子湖区太和镇农村社会组织培育[①]

案例正文

【引　言】2022 年 8 月，"中华慈善总会·五社联动·志愿加油站"项目在鄂州市梁子湖区太和镇落地，以"五社联动"工作机制发展社区志愿者，培育社区社会组织，撬动社会慈善资源设立社区基金，开展专业社会工作服务。

【摘　要】该案例中社会工作者通过"五社联动"工作机制，以社区为平台，运用社会工作理念和方法，发挥社区公益基金的资金池作用，发掘和利用社会慈善资源，赋能志愿者、社会组织，以社区活动为突破口，搭建志愿服务平台，实现志愿服务多元化参与社区治理，助力太和镇志愿服务队伍取得"从无到有"的重大突破，助力基层治理服务高质量发展。

【关键词】"五社联动"　社区公益基金　社会组织　志愿服务

　　太和镇位于鄂州市南部，离主城区 80 千米，是典型的边远农业镇，辖区共有 21 个村，1 个居委会，人口 4.4 万余，经前期走访调研发现，其在培育社会组织方面存在以下问题：

　　当地村居民志愿意识不强。太和镇村湾分布散落，是典型的农村集镇，农村空心化严重，老年人、妇女、儿童"三留守"人群较多，当地经济以打工经济为主，大多数青壮年在外务工，留守的本土居民以小本生意或打工为生，劳动收入按时现结，志愿服务气氛不浓，志愿意识薄弱。

---

① 本案例作者为鄂州市梁子湖区青阳社会服务发展中心罗红、陈琛、叶李，由武汉市江汉区友谊青少年空间社会工作服务中心理事长陈宇指导。

志愿者相关制度不完善。太和镇的志愿服务内容较为单调，主要是交通文明指引、美化环境，不能满足有兴趣投身志愿服务人群的需求，志愿服务开展频次不规律，有志愿服务意愿的人群不知道什么时候需要什么样的志愿服务。

志愿者激励政策不全面。太和镇志愿者的登记、激励以"志愿汇"为主，但是"志愿汇"的操作流程较为烦琐，农村居民操作智能手机不够熟练，导致志愿服务记录未被广泛推广。

针对培育社会组织面临的困难，社会工作者运用地区发展的理论模式，通过以社区为平台、社会工作者为支撑、社区社会组织为载体、社区志愿者为辅助、社区公益慈善资源为补充的"五社联动"新型社区治理机制，以人情融入为契机，发掘骨干，带动群众，组建志愿队伍；引导服务，规范管理，培育社会组织；搭建平台，链接资源，参与社区治理。

第一阶段：走访当地群众，发掘社区骨干，培育社会组织

走访调研，扩大声势

项目落地后，社会工作者从服务需求、劳动人口、村委会支持和志愿氛围四个方面着手，走访梁子湖区民政局、太和镇民政办及太和镇居委会和21个村委会，得到各级部门的大力支持。与此同时，在人群密集的步行街、集贸市场、政府广场等地点，在太和镇文化活动中心及各村的祠堂、广场人群聚集的时间段，社会工作者广泛开展外展活动，向居民群众宣传志愿服务精神，推广志愿服务及志愿服务激励政策。

发掘骨干，带动群众

社会工作者与村委会、社区居委会联动，深入社区，发现太和镇有一部分低龄老人和留守妇女，他们爱好文艺表演，经常聚在一起敲锣打鼓、排练节目，聚集成俗话说的"土班子"，农村哪家有红白事，也会邀请他们进行"低偿式"表演服务。

在挖掘到这样一支队伍后，社会工作者通过与队员们建立良好的关系，

图1　社会工作者开展外展宣传活动

发掘了左婆婆、高阿姨、柯大姐等几位骨干。

2022年10月25日，左婆婆在去日常排练跳舞的路上，遇见一位骑着小三轮车的婆婆，在转弯路段不小心撞上路边的围墙，车辆侧翻，摔倒在地，额头流血不止。左婆婆赶忙上前询问婆婆的受伤情况，并将受伤婆婆送到医院，替她缴纳医院的各种费用，陪着婆婆清洗伤口，上药包扎。

社会工作者以此为契机，在自媒体、区融媒、《鄂州日报》等媒体宣传左婆婆的爱心举动，弘扬志愿者精神，扩大影响力，通过左婆婆、高阿姨、柯大姐这几位骨干带动村居民参与志愿服务，把握住他们善良感恩、乐于助人的精神，在青阳社会服务发展中心的培育孵化下，成立志愿服务队。随后，社会工作者还为志愿服务队开展了培训，增强了志愿者们的归属感和价值感。

此外，还结合当地政府新文明实践志愿服务要求，成立了社区志愿服务队，围绕各村、社区困境人群的家庭情况、生活情况、需求及问题等开展有针对性的志愿服务。目前，青阳社会服务发展中心在太和镇已经培育孵化了文艺表演志愿服务队、医护志愿服务队、社区志愿服务队、园丁志愿服务队、残疾人志愿服务队等8支志愿服务队。

第二阶段：营造志愿氛围，制定管理办法，推动志愿工作

制定办法，规范志愿服务

社会工作者结合当地的民俗风情及志愿服务需求，因地制宜制定了《志愿服务及积分兑换管理办法》和《志愿服务积分细则》，并与当地村委会、超市、种子化肥店达成合作，在太和镇联家超市、陈太村村委会和种子化肥店设立积分兑换点，志愿者可凭借志愿服务积分兑换自己需要的各类生活物资。志愿服务队成立初期，志愿队成员虽然接受了培训，但在实践过程中仍然有些困惑，如"什么样的服务是志愿服务？在开展志愿服务时是否有界限？"针对这些困惑，社工在开展社会工作专业服务时，邀请志愿者一起参与，或是在开展志愿服务时，在旁协助引导，让志愿者现场感受怎样开展志愿服务，应提供怎样的志愿服务。在没有志愿服务需求时，社工也非常注重和志愿服务队的关系维护，通过沟通和关怀，让他们感受到关爱，增强他们的归属感。

社工引导，强化志愿者激励

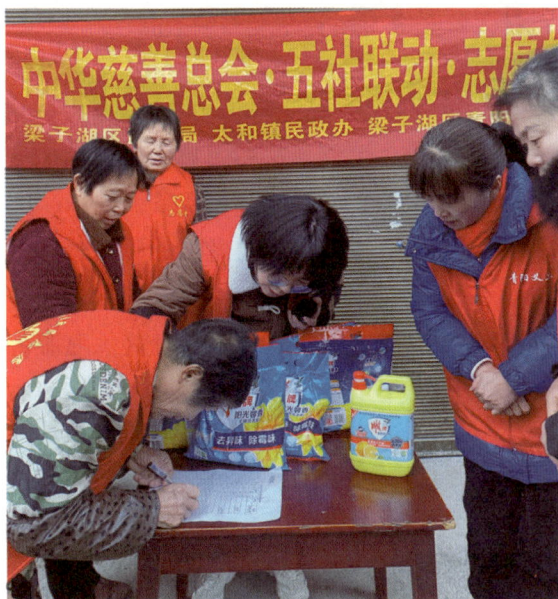

社会工作者建立了积分台账，详细地记录志愿者的名单、服务类别、服务时长及对应的积分，在公众号、抖音、《鄂州日报》等平台推广宣传志愿服务成效，扩大其社会影响力，增强志愿服务的可持续性。

2023年2月27日，在梁子湖区民政局和太和镇民政办的支持下，开展了首次志愿服务积分兑换活动，志愿者们凭借志愿服务时长获得的相应积分兑换洗衣粉、

图2　社会工作者开展志愿服务积分兑换活动

洗洁精等日用品。

志愿者吴阿姨高兴地说："我做志愿者从未想过要有任何回报，但是看到这志愿服务的时间和时长的记录表，我觉得我们志愿者做的事情，被别人看在眼里记在心里，让我更有持续参与志愿服务的动力了。"通过积分兑换，对志愿者的服务予以肯定和激励，认可志愿者提供的志愿服务，营造"我为人人，人人为我"的良好社会氛围，激发更多的村居民加入志愿者队伍。

第三阶段：搭建服务平台，链接服务资源，促进自主服务

提升服务能力，自主开展服务

组建志愿服务队后，社会工作者根据志愿服务队的需求、特长，引导他们自主开展志愿服务。2023年5月14日，区体协志愿队主动联系社工："小陈，我们想去福利院给老人表演节目，不收费的公益表演！"

社工充分发挥作用，充当协调者，链接可以开展活动的福利院以及运送表演设备的车辆。在活动现场，以志愿者为主，社工在旁协助拍照摄像宣传，在为老人们表演完节目后，志愿服务队成员还自发地为福利院的困境老人提供陪同散步、心灵关爱、送餐等志愿服务。

图3　志愿者给独居老人包汤圆

图4　帮助搀扶失明老人　　　　图5　给福利院老人表演

举办公益大赛，撬动慈善资源

充分运用社区基金的资金效应，链接区、镇、村各级单位支持，筹办公益大赛，动员商会、乡贤及志愿者力量，聚焦困难人群服务，壮大志愿服务力量，促进志愿服务发展，撬动社会慈善资源，营造社会互助氛围。

太和镇多支志愿队伍及社区社会组织积极响应，踊跃参加公益大赛。赛前，社会工作者组织开展项目策划培训并进行路演指导。借助公益大赛，马龙口半边天志愿服务队的"共建共享儿童乐园"服务计划得到了一致认可并作为示范点在全镇推广；太和商会对区体协志愿服务队定向捐赠音响，赞助他们为更多的困境群体送去欢乐；知名乡贤陈先生捐赠资金物资，助力陈太村志愿服务队为高龄老人举办幸福团圆饭活动；热心人士也慷慨解囊，进行现金捐赠。

第四阶段：规范管理框架，提升能力，参与社区治理

规范管理，发挥基金作用

社会工作者引导志愿队伍保持服务的持续性、完整性，在太和镇社区公益基金的支持下，协助各志愿队伍围绕服务计划持续开展志愿服务，关心关爱太和镇的老人、残疾人和留守儿童等困境人群，确保服务扎实落地，实实在在地服务于困难群众，充分发挥社区基金资源供给作用，盘活资源，将慈

善力量扎根社区，聚"小慈善"汇大民心，以小资金撬大服务，用小投入激发大活力，助力社区治理。

各志愿服务队伍开展的志愿服务得到了社会各方的认可和资助。太和商会通过太和镇社区公益基金池向区体协志愿服务队定向捐赠 2000 元；政府部门和媒体协会的爱心人士则通过扫码关注太和镇社区公益基金的方式，向马龙口半边天志愿服务队捐赠数百元。同时，陈太村的 4 位爱心人士向陈太村四十八蹬志愿服务队定向捐赠 3500 元；马龙口半边天志愿服务队筹办的"儿童乐园"收到马龙口村理事会提供的矿泉水和西瓜，以及大冶市市场监管局退休干部捐赠的爱心书籍等。

多元服务，参与社区治理

以社区活动为突破口，发挥志愿服务队的灵活性，激发其能动性，社会工作者协助志愿服务队了解社区情况，聚焦困境人群，着眼乡村振兴，把特长表演的单一服务转变成社区多样性服务，探访困境人群，帮助困境人群料理家务，为残疾儿童和困境老人送餐，参与村湾环境整治，树立"共建共治共享"的理念，让志愿队伍更加主动地参与社区发展建设。

左玉枝志愿服务队、区体协志愿服务队和马龙口半边天志愿服务队在社会工作者的协助下，在太和镇文化中心广场和福利院自主开展了"志愿行动，

图 6　志愿者服务队在太和镇文化活动中心表演

爱暖夕阳"和"志愿队伍展风采，真情奉献暖夕阳"志愿表演活动、探访困境老人和困境儿童及参与新城村环境整治。梁湖安康医院的医护志愿服务队在太和镇辖区的新城村和居委会开展了惠民义诊活动，提升了农村居民的健康意识，为农村的困难群体送去医疗关怀。

【研讨题】

1. 在志愿气氛不浓、志愿意识薄弱的农村地区如何发展志愿者队伍？

2. 如何引导农村志愿队伍开展志愿服务？农村地区的志愿队伍可以开展哪些类型的志愿服务？

3. 农村志愿队伍与志愿服务如何持续发展？

📁 案例分析

一、"五社联动"机制在农村地区培育社会组织中的作用

"五社联动"是以社区为平台、社会工作者为支撑、社区社会组织为载体、社区志愿者为辅助、社区公益慈善资源为补充的新型社区治理机制。"五社联动"从更宽阔的视野出发，丰富了社会工作的服务手段，赋能社区工作者依托社区链接、利用社会慈善资源，推动社工服务、志愿服务、慈善服务优势互补、形成合力，提升了服务成效。"五社联动"既包括社区治理中常见的五种要素，也注重发挥"五社"要素之间的联动作用，让社会工作者在运用社区工作方法时，有了新的抓手、新的工具，也让社会工作更好地落地社区、联系群众、服务居民。

社区、社会组织、社工、社会资源及社区自治组织加强联动、统筹资源、增强合力、立足社区，坚持以党建为引领，以居民需求为导向，以政府购买服务为牵引，发挥社会工作的专业优势，赋能社区社会组织、社区志愿者和社区居民，发掘和利用社区公益慈善资源，提升社区治理效能，推动建设人人有责、人人尽责、人人享有的社会治理共同体。

该案例中，社会工作者在开展志愿者挖掘、社区社会组织培育过程中，皆运用了"五社联动"机制，通过发挥社会资金尤其是社区居民公益慈善资

源的投入对社区共同体建设的黏合作用，激发社区居民群众、社区志愿服务队伍等的服务功能，提升社区的活力，由居民为自己的社区生活设计发展路径与实现策略。

二、社区公益基金在农村地区培育社会组织的作用

社区基金是社区治理进阶的产物，强调由资金来源社会化促使社区事务参与者多元化，社区发展事务由社会调节引发社区自治能力、治理机制的全面深化提升。社区公益基金重点是"运用本地资源解决本地问题"，发挥"资金池"的作用，对社区和社会组织服务进行资助和支持，激励其开展各种公益活动和项目，从而扩大和提高社会组织的影响力和服务能力，促进社会组织更好地发展和壮大，从而更好地服务社会。

本案例中，邀请政府分管领导、村委会、商会、乡贤担任社区公益基金管理委员会的成员，利用他们的公信力来扩大影响力，吸引更多的社会慈善资源和支持，推动社会组织的发展。

三、社会工作者在培育发展社区社会组织过程中的作用

社会治理的重心在基层，基层治理的关键在居民参与。社区社会组织是居民实现社区参与的重要载体，而社会工作是培育和发展社区社会组织的专业支撑，在培育发展社区社会组织过程中，主要发挥激发潜能、资源链接、专业评估、促进发展等作用。

发挥社会工作激发潜能的作用，从培育和提高居民的参与价值、参与意愿和参与能力三个策略推动居民参与，缓解社区社会组织培育存在的形式化问题；发挥社会工作的资源链接的功能，社会工作依据社会支持理论，注重发掘、利用和整合社区内外部资源，构建正式和非正式的支持网络，并注重通过促进社会团结构建社区资本，解决社区社会组织资源匮乏与资源使用率低的问题。

发挥社会工作专业评估的作用，社会工作运用社区资源图、大事记、社区会议等评估方法，从需求评估到过程评估及结果评估，解决社区社会组织难以回应社区需求、居民缺乏参与的问题。发挥社会工作促进发展的作用，针对社区社会组织缺乏组织治理和项目管理等知识和技能，导致组织结构松

散，制度不健全，缺乏规范指导和技术支持，难以做大做强等问题，社会工作者可以通过督导工作和小组工作等方法，提高骨干成员的组织治理、项目管理和志愿者管理等专业知识水平和技能，使社区社会组织规范发展得到专业保障。

📝 专家点评

　　该志愿服务案例依托"中华慈善总会·五社联动·志愿加油站"项目，开展社会工作中"五社联动"方法的相关实践。该项目聚焦于志愿者服务意识不强、相关制度不完善、激励政策不全面等需求，挖掘社区中的中老年社区骨干，成立志愿服务队。社会工作者利用专业的服务方法对志愿者进行增权赋能，着力维护团队关系与提高服务技能，通过激励机制推动志愿服务团队可持续发展。社会工作者充分锻炼志愿者的自主性，依托服务成效，团队吸引了多项慈善资源的投入，吸引多元主体参与社区治理。后期社工应该更加注重维持团队的服务建设，同时在充分提升能力的基础上，申请相关的奖项以及证书，认证志愿服务队的专业能力，以吸引更多社会资本的投入。同时应扩大对项目的宣传，吸引中青年力量参与，优化志愿服务队伍的年龄结构以及提高服务效能。

"五社联动"绘就"童"心圆，
志愿少年扮靓金斗山

——宜昌市西陵区窑湾街道金斗山社区营造儿童友好社区 [①]

📁 案例正文

【引　言】2021 年国家发展改革委等在《关于推进儿童友好城市建设的指导意见》中明确提出"从儿童视角出发，以儿童需求为导向，以儿童更好成长为目标，完善儿童政策体系，优化儿童公共服务，加强儿童权利保障，拓展儿童成长空间，改善儿童发展环境"的指导方针。

社区是儿童重要的生活及活动场所，也是儿童成长的土壤，儿童友好社区的建设就是对儿童成长土壤的精耕细作。宜昌市清源社会工作服务中心利用承接"中华慈善总会·五社联动·志愿加油站"社会工作服务项目（以下简称"志愿加油站"项目）的契机，在项目落地社区运用"五社联动"工作模式，积极开展营造儿童友好社区的实践，探索相关经验。

【摘　要】"志愿加油站"项目落地社区为宜昌市西陵区窑湾街道金斗山社区，该社区总人口 4200 人，其中未成年人 1410 人，学龄儿童占比 80%以上，儿童群体基数较大。作为 2021 年组建的新社区，社区事务千头万绪，在儿童友好社区建设方面投入精力有限。针对该社区儿童活动空间拓展、朋辈群体交往、课后托管、社会行为引导与教育等多方面需求，社会工作者运用"五社联动"机制，以社区资源整合为主线，以宣传倡导儿童参与社区事务为抓手，以缓解儿童家庭课后生活焦虑为突破口，以引领儿童群体投身志愿服务为实践路径，多角度深耕儿童全面健康成长的社区土壤，为友好儿童

[①]　本案例作者为宜昌市清源社会工作服务中心廖立新、郭玉军。

社区营造加油助力。

【关键词】"五社联动" 儿童友好社区 少年议事团

新建社区 共"童"问题

项目开展初期，经社区转介，社会工作者对金斗山社区一位14岁的事实无人抚养儿童小王提供关爱服务。在服务过程中社会工作者发现小王沉迷手机游戏，为此多次与奶奶爆发激烈冲突，家庭矛盾凸显，代际关系恶化。在一次调解过程中，小王当着社会工作者的面质问奶奶："我的作业在学校都做完了，回到家里不让我玩手机，你让我做什么？"奶奶说："做完作业就不能自觉复习一下？就算出去玩玩也行啊，找朋友打球、骑车也比天天盯着手机强，眼睛都要坏了。"小王反驳："附近的人我都不认识，我找谁玩去？"

小王眼眶里委屈的泪水不仅反映出未成年人课后精神文化生活匮乏的窘境，也揭示了社会意识层面对于儿童全面健康发展重视程度存在不足之处。

针对未成年人的课后精神文化生活之"困"，社会工作者围绕金斗山社区儿童需求开展了广泛的调研。通过组织家长座谈会、发放调查问卷等形式，社会工作者对儿童需求进行了收集、整理以及分析工作，最终梳理出以下主要需求。

1. 在社会意识层面，存在过分关注儿童学业和成绩的观念，需要引导社区居民形成儿童要全面健康发展的意识

儿童的发展是多方面、持续性的，当前大部分家庭过分注重儿童的学习成绩，而忽视儿童在心理层面、社会适应能力等方面的发展，需要进行社区层面的宣传和引导，促进社区居民对儿童全面健康发展意识的形成。

2. 在社区环境层面，儿童参与公共事务的渠道不畅，儿童社会化功能发展需求突出

作为新建社区，金斗山社区的儿童服务机制与设施不完善、儿童活动空间不足、儿童参与公共事务平台缺失，儿童对志愿服务的认知和参与度有待提升。此外，在社区倡导方面，也缺少针对儿童及其家长的赋能行动。故此，社会工作者有必要整合社区内外部资源，搭建儿童参与公共事务的平台，培养儿童社会责任感，促进其社会化发展。

3. 在家庭需求层面，儿童课后精神文化生活亟待丰富

金斗山社区居民主体为回迁住户与商品房住户，原有熟人社区生活模式被打破，新的人际关系网尚未完全形成。许多双职工家庭在课后或假期难以对孩子进行有效监管，而需求迫切的儿童邻里照管、社区托育、课后拓展等平台尚未建立，导致孩子依赖电子产品，变得越来越"宅"，失去活力。家长们迫切希望能在儿童课后精神文化生活方面破局解题。

4. 在儿童群体层面，同伴群体关系需要重塑

新社区的居民之间相对陌生，儿童的同伴群体主要来自学校或游戏伙伴，其沟通交流的媒介主要基于共同的游戏爱好。这种同伴关系可能因游戏认同而亲密，也可能因对游戏的兴趣和理解产生变化而疏远。这样的同伴群体之间缺乏正确价值观与人生观的互相砥砺和促进，朋辈关系的形成方式趋于单一化，儿童的同伴群体关系需要重塑。

以资源整合为主线 "五社"共绘"童心圆"

金斗山社区未成年人共有 1410 人，占人口总数的 33.6%。他们既是社会工作关注的重点人群，也是可挖掘可动员的社区治理重要力量。社会工作者采取"五社联动"机制，依托社区、社会工作者、社区社会组织、社区志愿者以及社区慈善资源，以推动儿童友好社区建设为切入点，以搭建长效服务平台为目标，以资源撬动与整合为主线，发挥社会工作专业优势，共同营造儿童友好社区。

1. 针对儿童群体层面的介入

搭建交流互动平台，用兴趣拓展黏合儿童群体。经调研发现，儿童做作业拖拉、卫生习惯差等是家长反馈较普遍的问题。为回应这一需求，获取家长支持，社会工作者联合宜昌市习惯树教育研究社，启动 21 天好习惯养成训练营，通过线下针对性教学、线上家长监督打卡等方式，帮助儿童养成好习惯。好习惯养成小组活动持续 21 天，线下儿童参与超 300 人次，线上家长参与打卡超 1000 次。

13 岁的单亲女孩萱萱，因卫生习惯问题常受到父亲斥责，父女冲突曾多次引起社区关注与介入。萱萱在参加好习惯养成小组后，生活习惯得到有效

改善，其父亲在朋友圈展示了女儿整洁的房间，并感慨道："每一个孩子都是天使，让天使飞翔的动力不是责骂，而是习惯。"扎实的活动成效，让家长与参与的儿童都获得了良好的体验，也为后续儿童群体活动的组织与动员奠定了良好的基础。

以好习惯养成小组取得显著成效为契机，社会工作者继续针对儿童群体开展专注力提升训练小组以及手工 DIY 活动等一系列服务，精准切中家长关注点与儿童兴趣点。这些活动不仅丰富了儿童的精神世界，更构建起一个同辈群体互动交流的平台。在这个平台上，孩子们因共同的兴趣而聚集，友谊在协作与分享中萌芽，这个平台也为社区内的儿童友好氛围增添了浓厚的一笔。这些兴趣拓展活动，不仅黏合了儿童群体，更在无形中催化了儿童友好社区氛围的形成，为后续儿童群体参与社区治理打下了坚实的基础。

建设社区事务参与平台，激活儿童社会化功能需求。为了提高儿童的社会参与度并促进其社会化功能发展，社会工作者组织社区儿童开展各类活动，挖掘和培育儿童志愿者。为促进儿童对社区事务的参与，初步组建了由 6 名儿童组成的"少年议事团"这一社区社会组织，并协助制定了《少年议事团社区社会组织章程》，推动组织参与社区事务的制度化与常态化。在社会工作者的指导和家长的支持下，"少年议事团"积极参与社区事务，开展文明养宠、电梯禁烟、垃圾分类等文明劝导活动 8 场，发放文明倡导宣传单 2000 余份；组织邻里闲置物品交换活动 3 场，吸引 120 多名社区儿童参与；协助开展社区治理工作，在社区内设置宠物便溺清理便民取纸箱 10 个，增设文明提示标牌 20 余块。在"少年议事团"的示范带动下，社区儿童志愿服务力量蓬勃发展，参与环境美化、路口文明劝导、助老助残等志愿服务的社区儿童达 200多人次。

儿童参与社区事务平台的建立，不仅激活了儿童的社会化参与，让儿童在服务中锻炼了自己，成为社区的"小小管理者"，更让他们有机会展现自我，实现了个人成长和全面发展，增强了社会责任感，同时也促进了儿童之间的正向互动与友谊，重塑了同伴间的积极关系网，为构建更加和谐、包容的儿童友好社区打下了更加坚实的基础。

2. 针对儿童家庭层面的介入

通过举办亲子关系辅导、家庭关系讲座等活动，为家长提供家庭教育辅导，提升教养技能，促进亲子关系的改善，引导家长正确认识孩子的成长规律，让家长了解并重视孩子的需求；帮助孩子树立自信与自我价值感，支持孩子全面健康成长。

此外，通过多样化的家长互动活动，搭建起家长间育儿经验分享的互助平台，同时，社会工作者链接心理咨询师对需要深入辅导的家长提供一对一的心理咨询服务。

项目执行期间，社会工作者共组织针对家长教育的辅导性活动3场，惠及500余人；开展一对一亲子辅导和心理咨询40余次，有效改善了家长教育观念，增强了儿童家庭支持功能，加深了家长对社区的支持与信任。

3. 针对社区层面的介入

开展社区文化盛事，播种儿童友好种子。在社区搭台、儿童唱戏、家长支持、居民欢迎等多方协作下，组织了多场大型邻里美食节和民俗文化进校园活动，注重为儿童群体搭建自我展示的舞台，普及儿童友好社区的建设理念。在社区党建的支持下，金斗山社区儿童成为文化阵地上的闪亮之"星"，成长为志愿服务领域的少年先锋。同时，儿童友好社区氛围得到了极大加强，保护儿童、鼓励儿童、关爱儿童的种子得以扎根生长。

推动社会广泛认可，提升儿童社会价值。在2023年5月与8月宜昌市举办的社区公益大赛中，社区两次推选"少年议事团"登上公益大赛舞台，这些经历不仅提升了儿童社区参与感，更让社会看到了儿童在社区治理中的价值，赢得了广泛认可与尊重。

4. 针对慈善资源层面的介入

为进一步在社区中营造儿童友好氛围，激励调动社区慈善资源力量参与儿童友好社区建设，社会工作者充分发挥资源链接能力，链接重庆商会等爱心企业与个人，对社区的困境儿童开展关爱活动，于2023年春节和儿童节期间分两次投入1.2万元资金，用于帮扶社区内的困境儿童家庭。

在支持儿童参与社区事务方面，社区通过社区微公益大赛的形式，通过社区公益基金对"少年议事团"提供4000元资金，支持其公益活动实现项目化运作、可持续发展，进一步强化儿童参与社区事务的能力。在此基础上，社会工作者通过积分兑换、志愿者表彰等方式，对表现突出的儿童志愿者给予物质激励与荣誉表彰。

社会工作者通过介入儿童群体、儿童家庭、社区、社区社会组织、社区慈善资源等多个层面，共同编织了一张紧密的网络，围绕儿童友好社区氛围营造这条主线，撬动多方资源，为儿童群体搭建了兴趣拓展、伙伴互动、社会实践、才艺展示和价值体验的广阔舞台，为他们的健康成长提供了肥沃土壤。

例如，在2023年5月金斗山社区携手社区社会组织开展的"邻里美食节"活动中，"少年议事团"组织60余名儿童参与文艺演出，以蓬勃的活力和精湛的演艺成为社区最亮丽的风景，赢得居民的广泛赞誉与好评。

2023年7月，在街道举办的"最美志愿者"评选颁奖仪式上，一对兄妹——远远和博博——荣获"最美志愿者"称号。会上，他们的妈妈发表感言："一年前，他们除了学习就是玩游戏，不爱出门，更没朋友圈，我时常担心他们长大后无法适应社会。现在，我惊喜地看到，他们自主组织闲置物品交换，自主组织文明劝导活动，志愿服务中我看到他们的付出和成长。"这番话，是社区儿童友好环境营造成果的佐证，也是儿童在社会实践中自我成长与社会融入的体现。

【研讨题】

1. 社会工作在儿童友好社区建设中的作用有哪些？

2. 社会工作者、社区、社区社会组织、社区志愿者、社区慈善资源在本案例中扮演什么角色？

3. 儿童参与社区事务对于破解儿童沉迷游戏、社会适应能力弱的难题有何作用？

案例分析

一、儿童友好社区建设社会参与的可行性

儿童友好社区建设实践中，儿童友好社区的目标体系涵盖政策、文化、空间和机制4个维度。在政策与空间维度上政府发挥主导作用，主要是扮演政策制定者、空间建设者以及硬件提供者角色；而社会参与则在文化与机制

维度上扮演着重要角色，担负着儿童友好社区文化氛围的营造、儿童友好机制和形式制定与保障的重要功能。

在本案例中，社会工作者通过推动儿童友好社区文化建设，即为儿童提供才艺展示平台、开拓儿童参与社会事务的空间，促进社区公众对儿童群体能力认知的转变，使儿童群体由"被保护者、被监管者"转变成"社区环境美化者、社区事务参与者"。同时，对儿童友好社区建设的机制进行了探索，即以儿童社区社会组织为载体，建立儿童志愿服务积分兑换等激励机制。

本案例表明，社会力量不仅是儿童友好社区建设的积极参与者，更是儿童友好社区建设中文化维度与机制创新的先驱动力。

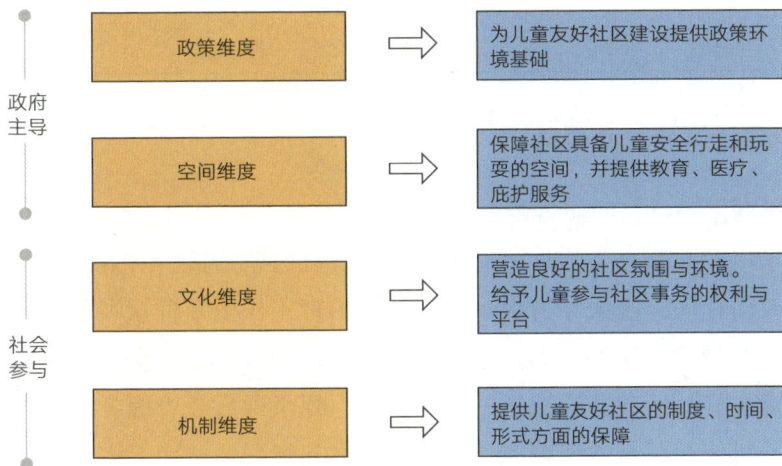

图1 儿童友好社区建设目标体系

二、"五社联动"在儿童友好社区营造中不同的角色分工

儿童友好社区建设是一项系统性工程，需要多元主体参与，除了政府的政策性指引和财政投入，社区、社会工作者、社区社会组织、志愿者以及社会慈善资源都发挥着中坚作用。

就本案例来说，社会工作者组织一系列儿童活动并整合多方资源，扮演了服务者和资源整合者角色。社区推动成立"少年议事团"并将其推向市级公益创投舞台，扮演了引导者角色；社区社会组织成为儿童志愿服务力量组织化和常态化的平台提供者；社区公众对儿童志愿者身份的认同，则促进了儿童由"被保护者"角色定位向"被需要者"角色的转换，发挥了使能者的作用；社会慈善资源为困境儿童和儿童社团发展提供资金，扮演了支持者的角色。"五社"不同角色分工明确、协同工作，每一环节都不可或缺，共同推动了儿童友好社区的构建，为儿童创造了更加适宜成长的环境。

表1 "五社联动"在儿童友好社区营造中的角色与功能

五社主体	社区	社会工作者	社区社会组织	社区志愿者	社会慈善资源
角色分工	引导者	服务者 资源整合者	平台提供者	使能者	支持者
功能发挥	成立少年议事团，向市级公益创投平台推荐	组织开展一系列儿童赋能活动、调动和整合各方资源	推动儿童志愿力量组织化、服务常态化	赋予儿童志愿者身份与服务技能、给予荣誉表彰	为困境儿童提供资助、为儿童社团发展提供资金

三、本案例的主要工作经验

一是精准融合与回应多维需求。社会工作者精准识别并整合了社区需求、家长需求以及儿童自身需求，通过儿童友好社区营造进行有效回应。社区层面，面对新社区志愿服务力量短缺、社会治理工作亟须群众参与的问题，通过发动儿童带动家长参与志愿服务，为社区治理提供了有生力量；在家长层面，儿童友好社区营造活动拓展儿童兴趣、提供课后托管服务，帮助儿童逐步摆脱手机依赖，有效缓解家长的焦虑；在儿童群体层面，搭建朋辈社交平台，提供自我展示机会，提升了儿童对自身价值的认同感，有效破解了共"童"问题，获得了家长、社区及社会的广泛支持。

二是以"儿童为中心"破除"家长主义"。家长主义视角下的儿童是脆弱和非理性的，是需要被监督与被管理的。在动员儿童参与社区事务之始，促使家长转变认识的工具就是用"儿童为中心"新视角破解"家长主义"旧思维，社会工作者不断向家长反馈儿童参与社区事务的积极成长，以这股力量促成家长视角的转变，实现对儿童的真正尊重与支持。

综上，案例展示了精准识别需求、创新儿童为本的参与社区事务机制以及"五社联动"推动儿童友好社区建设的关键路径，为儿童的全面发展与社区治理提供了新的视角与模式。

专家点评

本案例展示了"五社联动"机制在儿童友好社区营造中的探索实践。社会工作者作为资源整合和服务提供者，以儿童为核心，通过整合社区、社区社会组织、社区志愿者以及社会慈善资源，有效回应了儿童、家长和社区需求。在具体实践中，用兴趣黏合儿童群体，成立"少年议事团"拓宽儿童参与社区事务途径，发挥儿童主体性作用；举办家庭教育辅导活动，改善家长教育观念，增强儿童家庭支持功能；开展社区文化活动和公益赛事，推动社会对儿童价值的认可；而社会慈善资源的引入确保了儿童友好社区建设的可持续性，这些举措促进了儿童全面发展和社会参与，体现了对"儿童友好"理念的深刻践行，为其他社区提供了可借鉴的范式。未来，应持续关注儿童发展动态，深化服务评估，进一步细化联动各主体间的协作流程，强化各方合作，提升居民参与，为儿童打造更加健康、友好的成长环境。

"朝阳伴夕阳"，新老共融

——孝昌县小河镇友庆村"小小志愿服务队"培育 [①]

📁 案例正文

【引　言】"最美不过夕阳红，温馨又从容"。老有所养、老有所医、老有所为、老有所学、老有所乐一直是全民族、全社会的共同愿望。面对已经悄然到来的"银发浪潮"，全社会要积极参与，关心关爱农村留守老人，才能共同守护最美"夕阳红"。孝昌县小河镇友庆村由原来的友二村和庆丰村合并而成，户籍人口 2577 人，但外出务工人口高达 1594 人，而在不到 1000 人的常住人口中，老人 400 余人，儿童 300 余人，受地理环境和交通影响，友庆村留守老人们几乎都是偏居一隅，生活枯燥乏味，邻里之间交往甚少。受新冠疫情影响，友庆村群众的生活遭受了巨大冲击。目前，不少群众对疫情依然恐惧，而且由于疫情期间长时间居家隔离，留守老人的生活越发显得孤独寂寞，内心和精神的需求无法得到充分的满足。

【摘　要】基于农村老人生活现状，湖北省孝感市聚合力打造社区治理"共同缔造"的孝感样本，启动"中华慈善总会·五社联动·爱满荆楚"2020年社会工作服务项目。该项目是中华慈善总会、湖北省慈善总会、湖北省社会工作联合会于 2020 年 10 月至 2021 年 10 月以湖北省内多个县市的新冠康复患者家庭、病亡者亲属、受疫情影响的特殊困难群体家庭、防疫一线工作人员、社区居民、社区志愿者以及社区社会组织为服务对象提供专业支持服务的项目。本案例就来自其所支持的孝感市孝昌县小河镇"中华慈善总会·五社联动·爱满荆楚"社会工作服务项目，结合小河镇友庆村当地实

---

① 本案例作者为孝昌县阳光社会工作服务中心鲁伟华、洪樱。

际，充分发挥观山小学"朝阳"效能，有效化解老年人心理障碍和寂寞情绪，帮助其尽快走出阴霾，健康生活，安享晚年，进一步推动基层社会治理行稳致远。

【关键词】"五社联动" 朝阳 夕阳 基层社会治理

本项目持续探索"五社联动"机制，以居民需求为导向，以社区为平台，以社会组织为载体，以社会工作专业人才为支撑，以志愿服务队伍为依托，以社区慈善资源为助推构筑"五社联动"社区治理机制，推动建设人人有责、人人尽责、人人享有的社会治理共同体。

孝昌县小河镇友庆村因其地理位置及人员结构特殊，在新冠疫情期间面临严峻挑战，社工进驻后迅速响应，为村民提供心理疏导与资源链接服务，为困境儿童赋能，孵化儿童志愿服务团队，帮助老年人回归正常生活。

"新老共融"，进一步创新社区治理模式

调研初期，社工通过深入走访留守老人，充分践行基层工作者"从群众中来，到群众中去"的职责，倾听老人心声，慰藉老人心灵，缓解农村孤寡老人新冠疫情后遗留的心理困扰，帮助其重燃生活希望。

同时，社工还了解到观山小学儿童现状：观山小学是一所公办小学，全校30名学生，其中留守儿童5名、贫困儿童17名、单亲儿童4名、特别困难儿童2名。社工在前期调研走访中了解到留守老人们几乎都是偏居一隅，生活枯燥乏味，邻里之间交往甚少，而且由于新冠疫情期间长时间居家隔离，留守老人的生活越发显得孤独寂寞，内心和精神的需求无法得到充分的满足。而友庆村留守儿童在疫情防护方面缺乏正确引导，再加上长期的亲情陪伴缺失，有些儿童比较胆小、怯弱和敏感，这些都不利于儿童的健康成长。

在了解了留守老人和儿童的关怀陪伴需求后，社工结合当地农村民居布局分散、志愿者调动组织难度大的实际情况，尝试推动观山小学儿童成为社区志愿者，让常规服务里的"三留守"人员之一——留守儿童转变角色，从服务的接受者变为服务的提供者，成为社区服务的有生力量。

图1　社工看望留守老人并与之交谈，李婆婆向社工诉说脚踝没有力气，
脚经常肿胀的痛苦

采取"五社联动"服务模式，在儿童与留守老人之间建立起情感纽带，发挥儿童的"朝阳"效能，助推儿童成为"五社联动"机制中的服务者，成为基层治理不可或缺的有生力量。

赋权增能，进一步促进"新老"融汇

面对社区慈善资源匮乏的问题，社工联合村"两委"发动爱心人士，成功为观山小学学生筹集到校服、保暖衣物等物资，落实儿童关爱基本生活保障和社会支持服务。在此基础上，以孩子们的感恩回馈之心为动力，以冬至佳节老少共融包饺子的活动为契机，孵化"小小志愿服务队"，运用"朝阳伴夕阳"服务模式，以常态化的志愿服务温暖友庆村及周边村落的留守老人。

为了规范运作，社工充分发挥专业优势，组织志愿服务队伍开展教育培训活动，旨在提升"五社联动"资源库人员专业素质与服务水平，为社区治理提供人才保障。

历经一年的实践探索与经验总结，提炼了由一位教师带队，每届六年级学生为队员，联动多方力量的"1+6+R"服务模式，成为孝感"五社联动"机制的亮点特色。

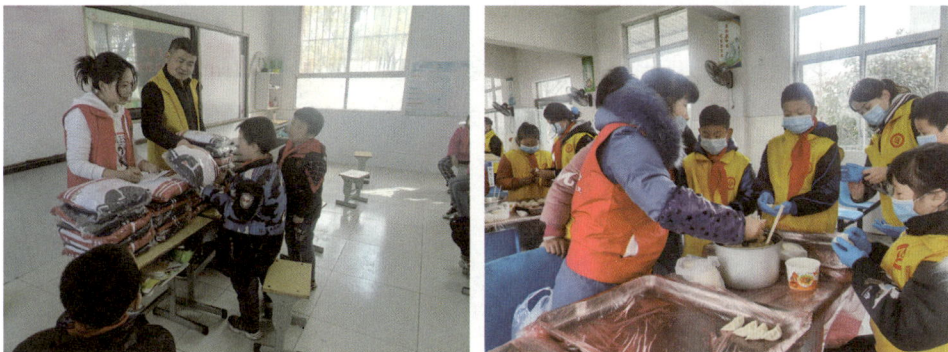

图2　社工为观山小学学生们分发爱心校服，小小志愿者冬至为老人们包饺子

在社会工作者的引导、孵化和培育下，"小小志愿服务队"实现自我管理和自我服务，成功备案为社会组织，逐渐走上了规范化发展的道路。服务团队在策划活动内容、扩大志愿服务范围、优化志愿服务内容、创新服务模式上进行探索，服务品质有效提升。

"小小志愿服务队"在项目执行期间，服务400余人，参与志愿服务活动10余次，如在腊八节给全村老人送腊八粥，同时向老人们进行防疫知识宣传等，多次活动使儿童们亲身感受到了志愿服务的意义和做好事的乐趣，从一开始参加活动时扭扭捏捏，到后来越来越积极踊跃，越来越落落大方，有礼貌有想法了；而老人们在接受了孩子们的服务后，脸上的笑容明显变多了。

图3　社工带领"小小志愿服务队"成员开展活动

住在刘家湾的陈婆婆是一个人独居，"小小志愿服务队"里有两名儿童正好也是住在刘家湾，她们结伴服务，每周会去陈婆婆家看望、陪伴老人，陈婆婆从第一次见面时的满脸愁容，到后来的每次见面都是满脸笑容，十分健谈，还会拉着孩子们的手要给他们摘桃子吃。

"五社"搭台，进一步激活队伍建设

为了进一步激发队伍活力，社会工作者开展安全教育小组和宣传活动，从居家安全入手，涵盖村湾水塘、河流的防溺水，农村老屋的防火防电等内容，引导孩子们在实际生活场景中学到知识并主动传播，建设安全社区。

通过创意融合社会工作科普漫画、未成年人保护法知识和养老政策宣传手册，向儿童和老人普及社会工作理念与相关政策法规。同时，向居民展示社会工作在深化"五社联动"机制、关爱"一小一老"、助力社区治理等多个领域的服务成果，为构建一个理解、尊重并支持社会工作的社区环境打下基础，推动建设"共建共治共享"社会治理新格局。在日常生活中，"小小志愿服务队"成员们会在放学或者周末时间结伴前往独居老人家中，帮助老人们做一些力所能及的事，和老人们分享自己在学校的趣事，参加了什么活动等。

图 4 "小小志愿服务队"参与植树节活动

此外，社会工作者结合重大节日及主题党日活动，充分发挥友庆村平台作用，以"小小志愿服务队"为纽带，联动疾控中心志愿服务队为向导，开展志愿服务，增强儿童志愿者们的使命感和责任心，积极营造全民服务社会的良好氛围。

【研讨题】

1. 如何有效地推动"一小一老"持续化发展、良性循环？

2. 在现代社会中，特别是农村，越来越多的老人被忽视和孤立，我们如何呼吁更多的社区组织加入"朝阳伴夕阳"这个行动，为情感孤独老人送去温暖和关怀？

案例分析

一、多方联动机制还需健全完善

在"朝阳伴夕阳"模式施行过程中，"五社联动"机制尚未充分发挥其潜力，社区、社会组织、社会工作专业人才、社区志愿服务队伍以及社区慈善资源之间缺乏高效的协调合作机制，如由于没有事先与村"两委"沟通了解村内的社区慈善资源，在资源整合环节耗费过多精力。

二、专业人才培养还需建档存库

为促进"五社联动"机制高效运作，需要更专业化、科学化、精细化的专业人才队伍支持。在本案例的儿童融入老年人生活、社工如何发挥儿童与老人特性的实践过程中，暴露了缺乏专业指导和团队辅导、方法运用不成熟的不足之处。

三、慈善资金保障还需加大力度

鉴于"五社联动"机制涵盖行业多、范围广、时间长，资金支持显得尤为重要，本案例尚未形成有力的资金保障以支撑项目的高效运行。

📝 专家点评

　　本案例展现了孝昌县小河镇友庆村在应对老龄化与"三留守"人群服务挑战中的"五社联动"尝试与成效。社会工作者通过"新老共融"的策略，不仅解决了留守老人的情感孤独问题，也促进了儿童的正向成长，实现了由服务对象向服务提供者的角色转换，为农村"三留守"问题提供了新解法。值得肯定的是，案例采用的"1+6+R"服务模式，既体现了社会工作的专业性，也展示了高度的本土化适应性，通过教师引领和学生参与，构建了一种可持续的服务生态，强化了社区内部的互助网络。然而，案例也揭示了项目采取"五社联动"机制时面临的挑战，包括联动机制不完善、专业支持缺乏及当地慈善资金保障不足。未来，应注重机制的系统优化，提高各主体间的协作效率；加强对社会工作人才的培养与储备，形成专业知识与技能的标准化、体系化传授，并积极拓宽资金来源渠道，引入政府资助、社会捐赠等多元化资金支持，确保项目长效运行。

专项服务类

融合入"圈"，加速"起跑"

——武汉市汉阳区王家湾商圈新就业群体服务 ①

案例正文

【引　言】2019年2月1日，习近平总书记在北京看望慰问基层干部群众。途中，总书记来到位于前门石头胡同的一个快递服务点，看望工作中的"快递小哥"。他对在场人员说："'快递小哥'工作很辛苦，起早贪黑、风雨无阻，越是节假日越忙碌，像勤劳的小蜜蜂，是最辛勤的劳动者，为大家生活带来了便利。"随着科技的飞速发展和社会的不断进步，数字化时代已经深刻改变了人们的生活方式和城市发展模式，快递员作为新型就业群体中的典型代表，亟须社会广泛关注。

【摘　要】"网约配送员"正式成为新的职业，被人社部纳入国家职业分类目录，很多配送员认为工作的主要难点是"用户不理解，投诉压力大"。社工针对商圈周边62名快递员进行调研时发现，此类群体普遍存在工作时间超过10个小时、劳动强度大、收入在4000~6000元不等、劳动权益得不到保障、职业上升空间窄、社会认同度低等问题。社会工作者运用"五社联动"机制，链接慈善资源，促进商家、配送员、居民群众的融合发展。

【关键词】新兴青年　社会融合　志愿服务

机遇与挑战并存

回看武汉汉阳，伴随汉商21世纪购物中心、家乐福等大型商场的进驻，

---

①　本案例作者为武汉市汉阳区春晓社会工作服务中心施孟含，由华中科技大学社会学院任敏教授督导。

王家湾商圈逐渐成为汉阳最重要的商业中心之一。它不仅是汉阳区最具"烟火气"的地方，也是对外展示城区形象的重要"窗口"。互联网平台的崛起和发展，引发了新兴知识和服务业的发展浪潮。王家湾商圈内先后入驻了美团驿站、菜鸟驿站、网约车、滴滴等合作商服务中心。随着新就业群体规模逐渐扩大，其社会影响力也日益显现。

城市里最熟悉的"陌生人"

王家湾商圈交通四通八达，是汉阳主要的交通枢纽之一，因此，商圈里门店商铺林立，市民游客络绎不绝。本次"腾讯公益·五社联动·家园助力站"公益项目，就落地在商圈内东南角的琴断口街道冯家畈社区。

田力是一个从浠水县来到武汉工作的农村小伙，19岁，骑手们戏称他是汉阳单王。经社区推荐，社会工作者第一次看到精瘦的他，头上戴着一顶大了几号的美团头盔，正蹲在马路牙子上，嚼着槟榔，刷着视频。很难想象他是那个积极奔跑在楼宇之间，见到用户就会说"您的外卖到了，有垃圾需要丢吗"的热血骑手。

"外卖干的时间长的，不是拖家带口，就是缺钱的，农村人想进城，就得吃苦。"有一句答一句的他加大嗓门说，"一般人都坚持不了太久！"

都是打工的，何苦互相为难？

"私属领地，冬暖夏凉，亲水豪宅，俯瞰全城。"这些高端商品住宅小区的广告张贴在商圈的大街小巷里。小区保安主动开门欢迎业主的行为，却总是让着急进小区的骑手占了"便宜"。保安需要维护小区的安全和秩序，外卖小哥则需要快速、准确地送达餐品，这些都需要付出辛勤的劳动，本应该相互尊重、相互理解的他们，却将彼此视为潜在的"敌人"。

"我每天进出这个小区不下20次，我服从安全规定和小区管理，难道就没有更灵活的方式吗？为什么每次都要我这张'熟面孔'签字画押，解释进门原因？分明是故意刁难！"送了5年外卖的老孟站在小区门口大声质问，几名保安仿佛置身事外，在旁"站岗"，业主们都在围观"吃瓜"，这个场景大家早就习以为常。

对此，社会工作者在小区微信群里看到一些业主发言："我送过两年外卖，实话实说，不知道为什么保安看不起送外卖的，大部分保安都是这样，对外卖员没什么好态度。"

由此可见，以外卖员为代表的新就业群体在工作中面临着许多困境，他们不仅要面对高强度的工作压力，还要克服来自社会的种种误解和歧视。"五社联动"公益项目，旨在为这些新兴劳动者提供更多的支持和理解，帮助他们更好地融入城市生活，提升他们的职业尊严和社会认同感。

"五社联动"助力新就业群体服务

为全面深化实践活动，自2021年至今，汉阳区委区政府在江城蜂巢建设基础上，聚焦新就业群体，建设了143个"阳小驿"服务驿站，为外卖骑手、快递员等户外工作者提供暖心服务，实现与新就业群体的"双向奔赴"。

针对新时代下的新就业群体服务，社会工作者以王家湾商圈里的汉商21世纪购物中心"阳小驿"服务驿站为例。该驿站在册骑手482名，平均年龄27.5岁，其中男性骑手居多，占比91.2%，女性比例正在逐步提升，外地人口占比47%。

作为"货"与"人"连接的关键，这群新兴青年也希望"过上体面而有尊严的城市生活"，但如何让这群青年"蜂鸟"融合到城市生活，参与城市发

图1　汉阳区汉商21世纪购物中心"阳小驿"服务驿站

展,仍是目前的主要问题。社会工作者围绕骑手"接单—配送—签收"三个工作环节,积极探索"五社联动"机制在新业态、新青年领域中的作用,具体做法如下。

强化党建引领,"友好接单"助推商圈共融

社会工作者依托汉商 21 世纪购物中心党建联盟综合党委,通过逐店宣传典型案例、联席会议的形式,加强对商事活动的监督和规范,明确大米先生、蔡林记等美团合作商与骑手之间的权利和责任,特别是在配送高峰期,确保各参与方在法律框架内开展活动,减少纠纷和冲突。

发挥社区公益基金效能,链接家乐福、德华楼等数十家爱心单位,募捐价值 3.46 万元的爱心物资以及抵扣商券,1.13 万元用于开展节日慰问活动、0.52 万元用于公益活动、1.1 万元用于积分激励。公益基金发挥楼宇党建力量,向骑手家庭提供音乐、武术、轮滑、义诊等公益服务近 1000 小时,惠及新业态、新就业群体 400 多人次,营造店铺与骑手的友好氛围,推进王家湾商圈融合发展。

结合工作特点,"边送边巡"融入基层治理

社会工作者在积极维护新就业群体劳动权益的同时,利用其"灵活机动、覆盖全面、直接到户"的工作特点,在汉阳区民政局的指导下,培育"街头

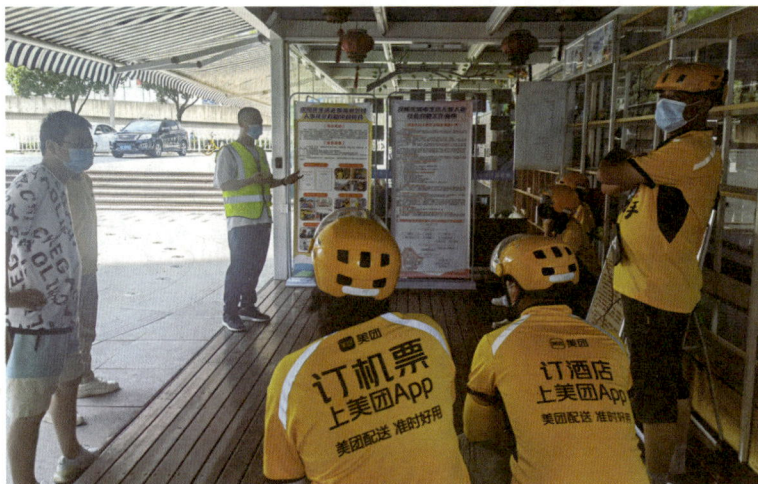

图 2　培育孵化骑手志愿者参与商圈街面巡查志愿服务活动

有爱"志愿服务队,引导 19 名快递员向商圈物业、街道、社区反馈街面卫生、安全隐患、流浪人员等情况 215 人次。

联合汉阳医院,与 12 名快递员和外送员商定每日"上午 10:00—11:00,下午 3:30—4:30"的错峰志愿服务时段,成立"递力量"志愿服务队伍,为冯家畈社区 51 户有求医问药需求的困难患者老人提供总计 121 人次的取方配药服务。

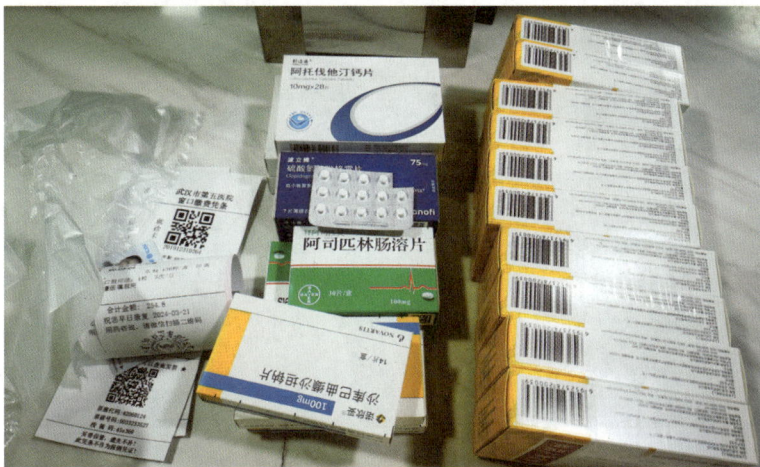

图 3 "递力量"骑手志愿者为重症老人代买药物

这两支队伍秉持"随手做公益"的理念,引导快递员、小区保安、小区环卫等户外工作者,结合其工作特点,开辟参与渠道。两支志愿服务队开展的公益服务项目分别荣获 2022 年武汉市"出彩青春"公益创投十强项目、2022 年武汉市"十优"志愿服务项目称号。

主动靠前服务,"文明签收"实现和谐互融

在冯家畈社区的指导下,在琴断口街道政务中心和工会联合会的助力下,社会工作者通过"窗口前移",为新就业群体"面对面""点对点"地提供户籍咨询、社保办理等服务 39 人次,开展"女友问题我来答""一盔一戴好好学"等趣味活动 15 次,弘扬时代新风。

坚持"因需服务"原则,以纽宾凯繁华里小区、朝阳苑等 4 个小区为试点,由社区召集,社会工作者主持,召开街道、物业、机构、骑手、居民的五方代表座谈会，听取意见建议，签订《安全责任书》，明确每日中午11:30—1:00、晚上5:30-7:00的配送高峰期，建立落实"看证件、少签字、多开门"等措施，在保障居民安全的前提下提高生活便利性，方便骑手工作，提升城市温度，向创造美好生活的快递员传递全社会的爱和尊重，营造良好的氛围。

图4　就小区进出"堵点"，与骑手、物业代表协商合理解决方案

【研讨题】

1. 在被"速度"支配的前提下，配送员面临的工作困境和解决策略是什么？

2. 在"时间紧、任务重、精力少"的背景下，如何开发更适合骑手参加的志愿服务？

3. 专业社会工作者的理论在即时配送行业里如何发挥作用？

📁 案例分析

一、配送员群体面临的工作困境分析

配送员夜以继日的辛苦劳作让距离不再成为我们获得欣喜的障碍，高价

不再是迫不得已的选择。快捷便利、丰富多样的电子商务背后，是配送员的汗水让距离变得微不足道。但社会工作者在与居民、商家交流过程中，后者普遍认为快递员每天工作时间长，早起晚睡，节假日无休，素质不行，横冲直撞，只是赚钱不容易，但作为一个普通人，谁面临的困境比别人少？人员素质参差不齐，行业风气受到影响，使得社会上对于快递员以及外卖员议论纷纷，他们所处的社会环境也越加恶劣。

在对"阳小驿"服务驿站在册骑手调研过程中，社会工作者发现，由于行业流动性大，很多骑手虽然是临时工，但吃苦耐劳的骑手代表也比比皆是，其实，难以融入所在城市是很多"快递小哥"的"痛点"。经济融入有较大阻力，特别是住房问题难以解决。在调查访谈中发现，48.5%的"快递小哥"感觉自己不属于城市，53.3%的人感觉自己只是城市的过客，46.6%的人感觉在城市中总是低人一等。

社会工作者在冯家畈社区支持下，鼓励骨干成员"亮风采""亮承诺""亮身份"，定期在微信群中开展"你说，我在听"等系列分享活动9次，发挥社会工作者专业作用，加强组织培育建设，畅通诉求表达渠道，积极吸纳他们参与各类政策协商、平台评议等，从商铺配单到小区进门，社会工作者从细微处着手，发挥公益基金作用，不断实施相应的解决措施，引导公众尊重、理解、关心这一群体，增强从业青年的社会融入感和职业自信心。

二、积极探索配送员参与基层治理的有效路径

本案例主要围绕王家湾商圈内的快递从业人员，为解决快递员、送餐员、环卫工等户外劳动者"饮水难、吃饭难、休息难、如厕难"的实际问题，在冯家畈社区辖区设置了汉商21世纪购物中心"阳小驿"服务驿站，站内桌椅、饮水机、充电设备、无线网络、图书以及应急药箱等日常必备物品一应俱全。此外，考虑到户外工作特点和气候变化，还提供了一次性雨衣、雨伞、口罩、纸巾、针线盒等小物品，基本可以满足户外劳动者取暖、纳凉、饮水、歇脚、用药的需求。

社会工作者借此平台开展了调研问需工作，除广泛收集快递、外卖小哥需求外，还多次走访社区内超市、快递公司、菜鸟驿站等物流企业及网点，依托社区，召开联席座谈会，深入了解研判快递物流人员的需求，并根据调研结果制定了服务清单,链接社会资源,为新业态就业群体织牢保障网。

为探索快递物流从业人员参与社区治理的有效途径,本案例依托"腾讯公益"资金优势,发挥其"灵活机动、覆盖全面、直接到户"三大工作特点,采用"错峰、限量、预约"三种参与方式,联动汉阳医院社会部、街道社会工作者站等,在冯家畈社区居家养老服务中心领取为困难老人配药任务。根据配药的距离获得积分,完成一定的配送任务即可兑换免费体检券等奖励。

除开展志愿服务外,社会工作者还将引导快递物流从业人员参与社区网格化管理工作,充分发挥前哨作用。在商圈或社区行走时如发现重大消防、安全隐患,聚众赌博,老人儿童受伤受困等情况的,立刻向社区报告,使他们成为城市精细化管理的触角和延伸。

三、"五社联动"助力新就业群体服务的实践与探索

《中共中央 国务院关于加强基层治理体系和治理能力现代化建设的意见》提出:"完善社会力量参与基层治理激励政策,创新社区与社会组织、社会工作者、社区志愿者、社会慈善资源的联动机制。"推动社会力量联动参与社会治理是加强基层治理体系和治理能力现代化的内在要求,也是治理实践中需要破解的难题。"五社联动"不是简单的要素叠加,而是社会各方力量资源互联、优势互补、互相增益。

在此案例中,社会工作者调研发现配送员在素质提升、心理健康、精神文化生活、安全与健康、社区参与等方面的服务需求后,将"腾讯公益·五社联动·家园助力站"公益项目嵌入骑手服务站点的日常运行当中,联动社区、社会组织、社区志愿者,发挥社区公益基金的慈善资源作用,开展交友为主的小组活动、婚恋家庭为主的个案服务、慰问关爱为主的社区活动,以及邀请骑手代表参加联席会议、民主议事会等活动,开辟参与渠道,全方位推动配送员"双向奔赴"入圈融合。

专家点评

汉阳区"五社联动"介入新就业群体服务案例展现了社会治理中的创新性和有效性。项目在党建引领和公益基金的支持下,通过设置"阳小驿"服

务驿站，为外卖骑手、快递员等新就业群体提供了物质和精神上的多方位支持，改善了他们的工作和生活环境。这一举措不仅提升了新就业群体的生活质量，也促进了他们与社区的融合。"五社联动"机制的成功在于多方资源的整合与协同运作。项目中，社区、社会组织、志愿者、公益基金等多方力量共同参与，为骑手们提供了全方位的服务，解决了骑手在配送过程中遇到的实际问题，从而提升了服务的效率和质量。此外，项目注重骑手们的社会参与，通过组织志愿服务活动，使他们在帮助他人的过程中获得成就感和社会认同感。综上，汉阳区的"五社联动"实践为新就业群体提供了一个创新的服务模式，充分发挥了社会工作的专业优势，提升了社区的整体凝聚力与和谐度，也为其他地区的社会治理提供了宝贵的经验和借鉴。

"少年不'困' 前路有我"

——"五社联动"机制下困境儿童社区融合服务 ①

📁 案例正文

【引 言】2019年4月,民政部等印发《关于进一步健全农村留守儿童和困境儿童关爱服务体系的意见》,提出"鼓励和引导社会力量广泛参与"关爱留守儿童和困境儿童的服务,其中包括培育孵化社会组织、推进政府购买服务、发动社会各方参与等举措。2021年6月,武汉经济技术开发区民政局启动为期一年的困境儿童疫后帮扶项目,由湖北省荆楚社会工作服务中心负责实施。项目落地于武汉经济技术开发区军山街道龙湖社区,为30余名在册困境儿童或事实困境儿童提供心理辅导、家庭支持、社区融合等服务。

【摘 要】该项目以促进困境儿童的社区融入和提供支持为核心目标。在实施过程中,项目团队改变以往社区一元主体关爱困境儿童的局面,从个人、家庭和社区三个层面着手,以社区、志愿者、社区社会组织、社工、社会慈善资源优势联合的方式开展服务,吸引了10余家资源单位和20余名志愿者参与,引导社会各界积极承担对困境儿童的帮扶责任。同时,项目团队发挥儿童自身的能动性,成立议事会,引导其为建设更和谐的自我成长环境努力。"五社联动"各要素的协同作用共同创造困境儿童成长良好的社区环境。

【关键词】"五社联动" 困境儿童 社区融合

---

① 本案例作者为湖北省荆楚社会工作服务中心周亚莹。

图1　武汉经开区军山街道龙湖社区全景图

与小鹏的初次见面

第一次跟随社区支部书记到困境儿童家里走访，我们遇到了17岁智力和肢体重度残疾的男孩子小鹏，他在我们面前一直拉着妈妈的手，躲在妈妈身后，怯生生地喊着："妈妈！妈妈！"没有念书，没有朋友，家就是小鹏的全部世界。

在一家一家入户的过程中，我们看到了天生发育迟缓难以正常说话的小林，看到了和姐姐相依为命的小丽……像他们这样的孩子，社区有35个。

社区支部书记介绍，龙湖社区为还建型社区，离武汉市中心城区近40千米。2015年12月，居民整体搬迁入住，分为南北两个居民小区，由军山街道原有的王家、肖家、长山、川江、龙湖、枫林、军江7个自然村拆迁还建而成。社区现有居民住宅楼50栋，现有常住人口2685户、7122人，登记在册志愿者1400余人。因拆迁"上了楼"，邻里之间往来、儿童之间的玩耍没有之前住在村子里那样方便和频繁。

服务前的准备工作

有了与孩子和家长初次见面的经验，社工在督导的指导下开展了需求调查工作，了解到以下状况：一是在亲子沟通方面，有 79% 的儿童与家长的联系频率超过每周 7 次，仅有 9% 的儿童与家长每周的联系低于 3 次。但是，当儿童面对困难时，39% 的儿童选择自己解决，仅有 29% 的儿童选择与家长沟通，该结果显示出儿童与家长之间的沟通存在一定的问题，每周家长与儿童之间的高频率沟通，并没有让儿童乐意在家长面前表达自己的困难，同时，家长也没有敏锐地发现儿童存在的问题。二是在人际关系方面，有 16% 的儿童表示同伴相处问题是自己当下遇到的最大困难。三是在学业方面，有 33% 的儿童认为自己的成绩处于中等及中等偏下的状态，4% 的儿童对于学习处于不喜欢的状态，60% 的儿童认为自己在写作业的时候需要有人辅导。此外，在身体康复、家庭经济情况改善、青春期适应、参与社区活动等方面，儿童也表现出不同程度的需求。

"我们在儿童和家长中做了访谈式问卷调查，发现困境儿童的需求主要表现在生理、心理和社会三个层面。其中生理需求集中于残疾儿童的身体爱护、青春期生理变化认识；心理需求集中于家长抚养观念的科学化转变、情绪管理、较少发展社区人际关系等；社会层面集中于家庭关系的处理、人际交往、社会服务支持、社区服务参与等。"社工陆燕在调研结束后分析得出该结论。

为了让社工服务契合社会政策和宏观环境，项目组查阅了相关文献，进一步明确了困境儿童的定义。国务院发布的《关于加强困境儿童保障工作的意见》将困境儿童界定为三类：因家庭贫困导致生活、就医、就学等困难的儿童；因自身残疾导致康复、照料、护理和社会融入等困难的儿童；因家庭监护缺失或监护不当遭受虐待、遗弃、意外伤害、不法侵害等导致人身安全受到威胁或侵害的儿童。分为孤儿、自身困境儿童、家庭困境儿童、安全困境儿童和临时困境儿童五类。2021 年印发的《国务院未成年人保护工作领导小组关于加强未成年人保护工作的意见》明确了要通过加强符合条件儿童的基本生活保障救助和困难家庭的重病、重残儿童生活保障，家庭经济困难儿童教育救助以及提高事实无人抚养儿童生活补助和医疗救助，深化农村留守儿童关爱服务等措施来加强困境儿童保障。

从相关政策的解读中可看到，孤儿、事实无人抚养儿童、重病重残儿童、辍学失学农村留守儿童和家庭经济困难在学儿童是需要开展社会救助的重点困境儿童。

就这样，项目组依据政策进一步明确了服务群体、服务方向，从宏观层面保证服务目标不偏离。

目标明确，思路清晰

"我们一开始就和社工机构达成了共识，把相关人员召集到一起开会讨论，帮助社工清晰了解社区情况、儿童情况，大家都很清楚这一年的工作目标和任务。"龙湖社区党委书记在带着社工拜访辖区内资源单位时这样说道。

基于问卷调查、多方访谈的结果，项目实施思路越来越清晰，即在"五社联动"机制的指导下，从个人层面、家庭层面和社区层面开展服务：个人层面包含康复训练、青春期身体探索活动、情绪管理、儿童交往等；家庭层面包括家庭压力缓解、家庭之间的互助支持活动；社区层面包括带动儿童参与社区活动、设计策划节日活动并上台表演、开展困境儿童与普通儿童融合发展的工作坊、培育儿童志愿服务组织等。实施架构图如下：

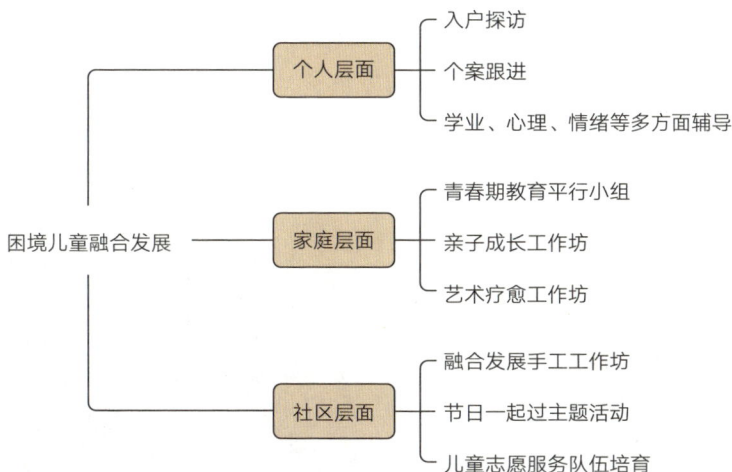

```
                        ┌── 入户探访
              ┌─ 个人层面 ─┼── 个案跟进
              │          └── 学业、心理、情绪等多方面辅导
              │
              │          ┌── 青春期教育平行小组
困境儿童融合发展 ─┼─ 家庭层面 ─┼── 亲子成长工作坊
              │          └── 艺术疗愈工作坊
              │
              │          ┌── 融合发展手工工作坊
              └─ 社区层面 ─┼── 节日一起过主题活动
                         └── 儿童志愿服务队伍培育
```

图 2　项目实施架构图

所有与之相关的工作人员都很明确，项目周期虽然只有一年，但需要帮助儿童增强自我认同感，让他们拥有走出家门融入社会的勇气，同时在社区内探索创立困境儿童和普通儿童融合发展的平台和机制。

具体到个人层面，我们需要通过入户探访、能力提升等活动改善儿童的自主学习、生活状况；在家庭层面，通过亲子成长工作坊、艺术疗愈等方式满足个别儿童心理成长需要，帮助家长树立科学的教养观念；在社区层面，通过孵化志愿服务队提升困境儿童与普通儿童的融合程度，增强困境儿童的社会参与能力。

立足"三个层面"，促进社区融合

确定实施方案后，项目组以困境儿童工作坊、困境儿童亲子工作坊、困境儿童和普通儿童融合工作坊多种形式开展服务。

在个人层面，社工以困境儿童为主要对象，开展个案服务解决其学习动力、亲子关系、朋辈关系、心理健康等个性化问题，采用入户探访、心理疏导等方式关注儿童的个人成长；通过一对一服务与困境儿童和家庭建立专业关系，使社工与服务对象相互熟悉。

个人服务也是项目初期的必要内容，只有良好关系的建立才能使后期的社区融合服务成为可能，否则只能浅层次参与，困境儿童的社区融入持续化效果不足。个人层面的服务让社工对社区内的困境儿童有了直观了解，为优化服务方案提供了第一手资料，并与家庭建立了良好的专业关系，为后续服务奠定了基础。

图3　社工与社区工作人员合作开展入户探访工作

在家庭层面，社工开展不同主题的工作坊，聚焦儿童的心理成长，通过成员初识、凝聚活动、实践动手活动、戏剧表演活动、成长剪影分享等方式，让困境儿童的家长加入工作坊中，形成困境儿童教育的支持性力量，从而增强困境儿童及其家庭的社区融入感和社区认同感。

"我印象最深的是上初二的小军，这个孩子由叔叔抚养，两人势同水火，互相'看不顺眼'。在我们的多次邀请下，两人最终参与了亲子成长工作坊'爱的抱抱'主题活动。叔侄拥抱的时候，有尴尬、难为情，更有理解、感动、爱意。"社工周亚莹回忆起每一场活动，动人的情景依然历历在目。

具体到家庭层面的工作内容，包括亲子成长工作坊、青春期教育平行工作坊、艺术疗愈家庭工作坊三个板块。

亲子成长工作坊通过优势视角帮助家长和儿童充分了解并认同对方身上的能力、资源、优点，在建立彼此理解和认同的基础上，学习有效的沟通方式。工作坊设计了"我"的小秘密、"我"是乖孩子、爱的抱抱三个主题，分别从认识优点、角色互换、学习科学的交流方法三方面进行引导。

青春期教育平行工作坊以即将进入青春期或正处于青春期的困境儿童、普通儿童及其家长为服务对象，以青春期教育为主线，设计了了解自己、谈谈我的小秘密、身体保卫小盾牌三个主题。该工作坊为家长和儿童平行工作坊，每一节活动家长和孩子就同一个主题分别进行讨论。一方面，让家长和儿童深入了解青春期的身体和心理特征变化，学习防侵害；另一方面，通过"树洞"游戏，为青春期儿童建立压力分享平台，促使儿童掌握正确的与同辈相处的办法，让家长同步学习对应的引导方法。工作坊最后一节开展了家长和儿童聚会活动，就三个平行主题进行总结，家长和儿童从不同的视角分享了各自的收获和启发。工作坊通过深度讨论、情景模拟、案例分析等一系列环节，让普通家庭和困境家庭建立了联系，建立了家庭互助平台。

艺术疗愈家庭工作坊立足于家庭增能的核心目标，以困境家庭为主要服务对象，以艺术治疗为手段，开展了"美好的一天"绘画治疗、"猜猜我是谁"OH卡自我探索、"随心舞动"音乐治疗三个主题活动。该工作坊在艺术体验中为困境家庭赋能，挖掘每个儿童的特长和能力，如自我表达能力、故事阐述能力等；同时引导家庭了解压力状态下如何通过家庭活动获得喘息。

在社区层面，社工着力引导困境儿童走出家门，积极参与社区活动，参与

图 4　儿童家庭参与亲子成长工作坊

社区事务。儿童在与其他人的互动过程中，学会交往和融合，进而获得参与感。

　　社区层面以促进困境儿童的社区参与和社会实践为核心目标，内容分为社区儿童融合发展手工工作坊、节假日主题活动和儿童志愿服务三个板块。

　　具体到社区层面的服务内容，融合发展手工工作坊通过开展撕纸巧成画、叠纸再创作和小小装饰家活动，让困境儿童和普通儿童组建互助小组，促进儿童之间的深度融合。节假日主题活动发挥互助小组的功能，排练建党百年

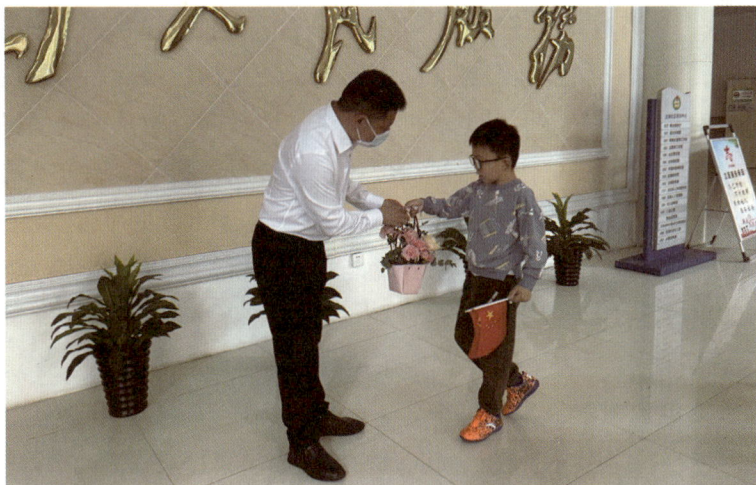

图 5　困境儿童参与关爱防疫一线工作者行动

图6 社区儿童共同打造志愿服务队阵地

合唱节目、迎新年舞蹈节目，搭建儿童持续性的日常交流平台，展示互助成果。儿童志愿服务板块开展了志愿者团队辅导、安全培训、小小议事员等一系列儿童主题活动，结合原有的社区晨曦志愿服务队和社区广播台等资源，把互助小组进一步提档升级，建立了"红领巾"广播站，完善了儿童志愿服务队的阵地建设、制度建设和服务建设工作。三个板块的内容循序渐进，一步步提高了困境儿童的社区融合程度。

完善机制 守护花开

项目执行一年来，以困境儿童为重点人群，辐射困境儿童的家庭和社区其他儿童，开展各类活动20余场，入户探访40余次，累计服务500余人次。项目组链接外界资源8次，折合人民币1200元，发展社区内外志愿者120人次，动员了4支社会组织参与服务，激活1支以困境儿童和其他儿童为主体的社区社会组织。服务在车谷引擎、中华网、湖北微政务、网易新闻、《湖北日报》等各类媒体上报道12次，在社会上引发了对困境儿童的正面关注。

社工陆燕作为执行社工见证了每个孩子的变化。"第一眼见到小林，真看不出他当时7岁，整个人呆呆的，不爱说话，声音也很模糊。"小林声带发育不良，再加上性格内向，没有玩伴，说话机会少，以至于没有正常的语言表达能力。陆燕从医生处得知，要让小林多练习说话，声带才会发育。为让小林发音准确，陆燕联系播音主持专业的 3 名大学生，从最简单的音节开始教起，每天反复训练。陆燕还给小林制订了详细的日计划、周计划、月计划。除了发音训练，陆燕带着小林参与社区活动时邀请小林一家参与艺术疗愈家庭工作坊，同步推进小林语言能力训练、家庭心理疗愈和社区关系融合三项任务。

就这样，一天、一周、一年，小林从简单的"āáǎà"到现在可以正常地表达交流，并加入了儿童晨曦志愿服务队的红领巾广播站。"真是不敢想象，孩子这一年的变化这么大，"小林母亲说，"真的非常感谢陆老师。"

2022 年 3 月 20 日，《湖北日报》以《95 后元气少女陆燕用爱"守护花开"》为题对社工和小林背后的故事进行了报道，让更多人看到了困境儿童背后的社会服务需求。

不仅如此，通过开展多个工作坊，社会工作者与困境儿童之间建立了密切的专业关系，由此逐步激活原有的儿童晨曦志愿服务队，开辟了"红领巾广播站"作为服务阵地，经过主持人训练、上台演练、策划广播内容、小手牵大手影响家长群体等方式，帮助孩子们提升了主持播音能力。红领巾广播站形成了每周以社区楼栋架空层为阵地的社区广播系统，并制定了较为完善的规章制度，让困境儿童有了持续参与社区服务的平台。

龙湖社区原有的党员志愿服务队、儿童晨曦志愿服务队均参与其中，前者在营造社区良好大环境中起到了重要作用，后者通过朋辈引导的力量提高了困境儿童的社区参与度和社区融入程度。社工链接到的高校学生志愿者、共建单位的员工志愿者、区内其他社会组织志愿者等多类志愿服务人群参与其中。在服务过程中，外来志愿者在社区建档立卡，登记在册，成为常态化资源之一。

除了志愿者，龙湖社区辖区内的学校、医院、社工机构、专业儿童组织均参与项目，与经开区社会组织孵化基地、军山中学、军山小学、消防站、街道社工站、龙湖社区社会工作室等单位和组织合作，关注儿童在家庭、社区、学校的不同行为，为困境儿童及其家庭带来了不同类型的服务。

以终为始，回望整个项目，我们倍感幸运。武汉经开区民政局、军山街道和龙湖社区的大力支持，让社工的专业角色得以发挥。我们也在与困境儿童及其家庭的深度接触中，被他们的顽强意志所感动。因儿童自身残疾导致康复、照料、护理和社会融入等困难而产生的困境儿童，对于该儿童的家庭来说，负担沉重，往往需要一位家长放弃事业全职陪伴照顾儿童成长，除了经济成本，所耗费的时间和精力更是难以想象。我们也真切期盼越来越多的社会力量关注困境儿童，让小鹏、小林这样的孩子迎来他们的花样人生。

【研讨题】

1.困境儿童的社区服务如何从传统的社区居委会一元主体转化为"五社联动"的多元主体？

2.运用"五社联动"机制开展困境儿童的社区融合服务，如何突破联动效果难以稳定化、持续化这一瓶颈？

3.除了"五社"要素，家庭在困境儿童融入社区、融入社会的过程中应发挥什么作用？

📁 案例分析

一、困境儿童的社区融合服务需首先用优势治理视角看待"困境"，建立资源平台，从而培育联动土壤

优势治理是指治理系统中的政府、民众、社会、市场等各参与要素根据各自的优势，以最合适的身份和最优质的状态对社会公共事务的合作治理和共同治理。[①] 我国各类困境群体的服务多以政府主导的方式来进行，通过社区基层落实各项政策，将服务送到困境群体手中，从而强化了社区这一主体的作用。对于社会工作者来说，要进入社区并运用专业方法解决"困境"，首先需要了解哪些资产和优势可以被使用。

该项目从困境儿童的普遍性需求出发，首先绘制了社区资源地图。对于已有资源不能满足的需求，社区和社会工作者寻求外界支持，如共建单位、同行资源、学校资源等，把资源组建成志愿服务队伍。在搭建资源平台并组

---

① 张大维.优势治理的概念建构与乡村振兴的国际经验：政府与农民有效衔接的视角［J］.山东社会科学，2019（7）：91.

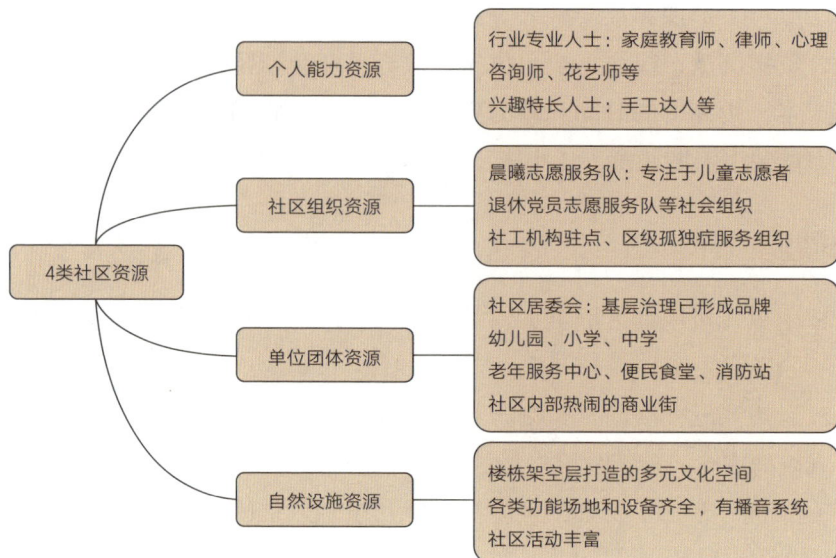

图7 项目初期龙湖社区资源统计图

建相应的志愿服务队后,以项目服务为载体,开展常态化的志愿服务活动,实现两者的紧密结合。项目一年的实施过程,既是满足服务对象需求的过程,也是稳固常态化慈善资源库建设的过程。

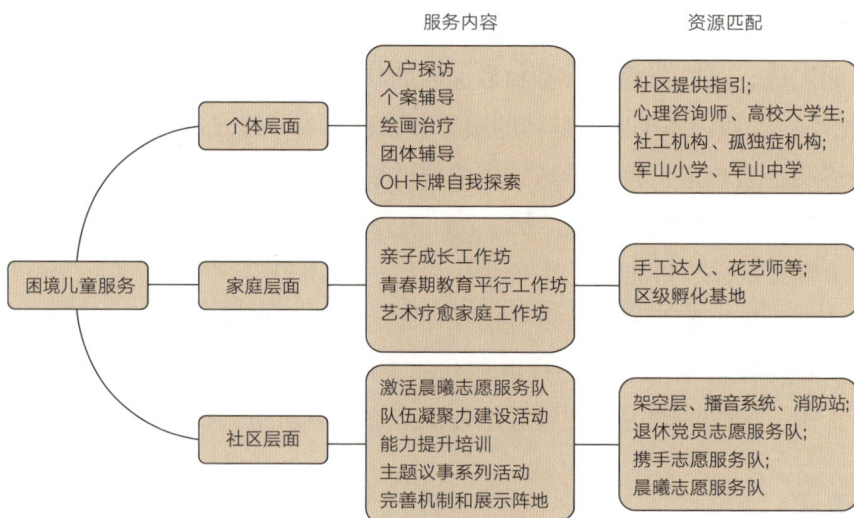

图8 优势治理视角下资产与服务的规划图

二、困境儿童既是"五社联动"的服务对象，也应发展成"五社联动"的主体要素，联动才具有可持续性

在该案例中，社区党委发挥领导作用；"两委"成员提供平台支持和场域资源支持；社会工作者发挥专业性统筹作用支撑整个项目的开展；社会组织根据自身的业务范围匹配开展相应的个性化服务；社区志愿者扩大服务辐射范围，有效增强了服务效能和社会影响力；社会慈善资源的注入为服务对象带来了实实在在的福祉，进一步提升了服务成效。"五社"要素的作用如下。

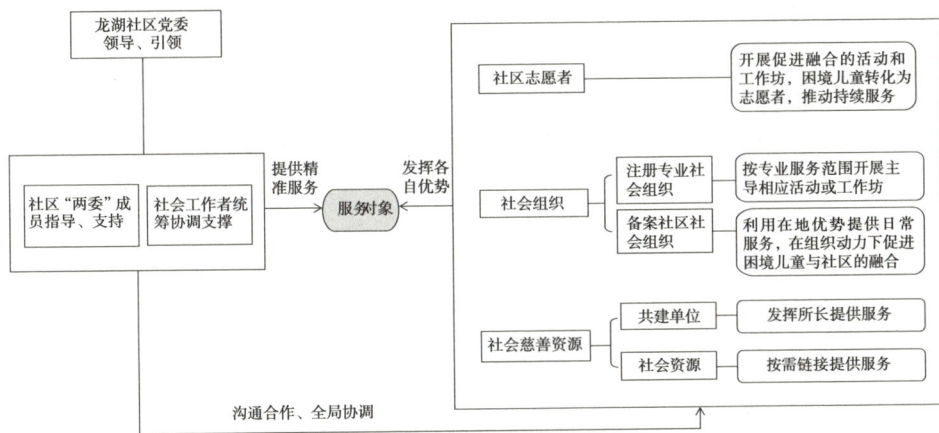

图9 困境儿童服务中"五社联动"模式图

困境儿童是社会转型与家庭变革的复合产物，只是在家庭内外环境的制约下暂时陷入困境，因此我们不应该将困境儿童视为一个"问题"，而应从积极和发展的视角发掘其能够改变向好的特质。[①] 发挥社区困境儿童的优势和特质，让他们从"受助"转化为"助人"是服务的最终目标。

困境儿童作为服务对象，其定位非常清晰，他们作为联动的主体，体现在哪里？如何实现从服务对象到联动主体的转化？

在实施过程中，我们发现大部分孩子有行动能力，他们和普通儿童最大的区别在于"困境"使他们生理、心理和家庭关系受挫。因此，我们通过走

---

① 林志聪.农村困境儿童社会工作服务的行动研究：以陪伴成长计划项目为例［J］.青少年学刊，2021（4）：43.

访记录每一个孩子的优势和能力,把他们转化为志愿者、播音员、儿童议事会的骨干成员,实现服务对象到社区志愿者、社区社会组织、社会慈善资源的身份转化,这样促使"五社"要素充分联动起来,形成规范化的制度,才能真正突破联动随着项目结束而结束的困境。

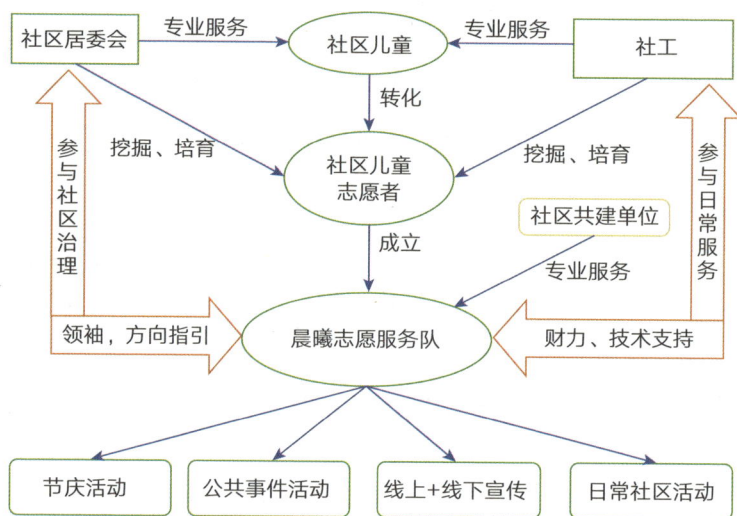

图10　社区在地资源在晨曦志愿服务队发展中的定位

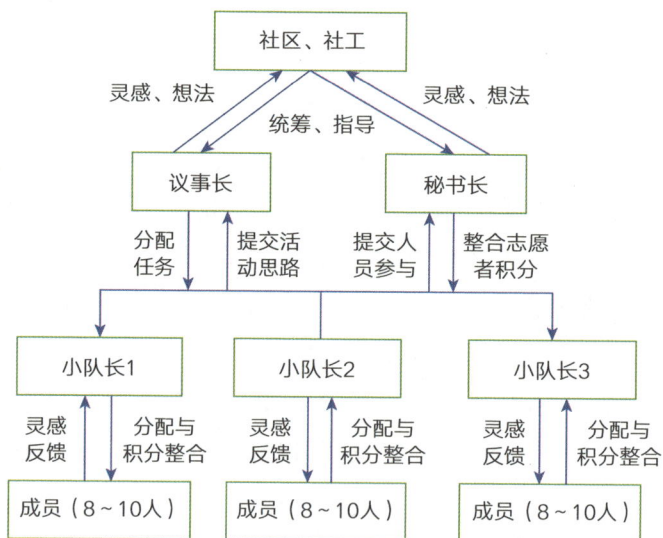

图11　儿童晨曦志愿服务队架构图

三、困境儿童的社会融合程度与家庭功能的发挥程度密切相关

2021年9月，国务院颁布《中国儿童发展纲要（2021—2030年）》，该纲要新增了"儿童与家庭"领域，强调家庭在生育养育教育中的功能性，并提出"将困境儿童及其家庭支持与保障作为家庭支持政策的优先领域"。我国的社区复杂性和城乡制度二元化等特点，使得家庭在困境儿童照料中依然承担着主要的福利责任。[①]

该项目实施过程中我们也发现，当家庭成员或者监护人给予困境儿童强有力的支持时，儿童在学业、心理、社交等方面的能力较强；当家庭监护缺失、监护不当或未能给予有效引导时，困境儿童往往表现出不同程度的成长障碍。以残疾儿童B为例，其母亲全职陪伴照顾，每周带领B做康复训练，接送上下学，家庭成员均比较乐观，常通过家庭聚会、外出游玩等方式增长儿童的见闻，因此B除了身体行动不便，在学习、交友等各方面与普通孩子没有太大差异。另一位身体健康但由伯父作为监护人的儿童C，因与伯父之前存在较为激烈的矛盾，且在伯父家中较少被接纳，在学业、社交、行为等各方面均存在困难。

无论从政策、研究数据还是项目服务的实际情况来看，困境儿童能否正常融入社区甚至社会，家庭都发挥着举足轻重的作用。具体来说，我们可以从两个方向给予家庭支持，促使其发挥更多正面功能。

1. 规划家庭系统服务，发挥家庭在困境儿童成长中的支持性功能。

对于自身存在缺陷的困境儿童，家长需掌握身体康复、心理发展、沟通技巧、自我压力缓解等多方面的技能；对于自身健康但家庭监护缺失的儿童，监护人更需要掌握儿童心理问题处理的技能。此外，家庭成员自身的喘息服务也需要得到重视。因此从宏观的国家政策到微观的社区工作，都应关注到困境儿童整个家庭的配套服务，推动其体系化发展。

2. 提供信息整合服务，发挥家庭在困境儿童成长中的预防性功能。

根据儿童社会情感发展的阶段性特点，在漫长的成长过程中，儿童在不

---

① 吴莹.从"去家庭化"到"再家庭化"：对困境儿童福利政策的反思［J］.社会建设，2023，10（1）：31.

同阶段面临不同的变化，如即将上小学的困境儿童可能面临环境适应、学业压力增强的问题。同时，社会政策、环境、文化和各方面支持也在不断变化。这些变化对于困境儿童的家庭来说，很难被全面掌握或理解，家庭无法预见困难的发生，无法第一时间提供解决办法，久而久之，使得困境更"困"。

专家点评

　　武汉经济技术开发区军山街道龙湖社区的困境儿童社区融合服务案例展示了社会工作在促进困弱群体社会融入方面的重要作用。项目通过"五社联动"机制，从个人、家庭和社区三个层面为困境儿童提供支持，尤其在心理辅导、家庭支持和社区活动方面取得了显著成效。该项目特别注重发挥儿童自身的能动性，通过成立议事会和组织社区活动，使儿童不仅接受帮助，也积极参与社区建设，提升了他们的自信心和社会适应能力。同时，项目成功吸引了多家资源单位和志愿者的参与，形成了一个多方合作、资源共享的服务网络。这种多层次、多方位的支持模式不仅帮助困境儿童克服了成长中的各种困难，也增强了他们的家庭和社区支持系统。该项目为困境儿童创造了一个积极、友善的成长环境，有效促进了他们的社会融入和个人发展。

"双社"联动，营造健康社区

——荆州市荆州区医务社工社区服务[①]

案例正文

【引　言】自 2020 年起，湖北省民政厅总结抗疫经验，大力推进社区、社区社会组织、社会工作者、社区志愿者、社会慈善资源要素的联动机制建设，积极将"五社联动"融入基层社会治理大局，初步形成了以党建为引领、以居民需求为导向、以社区为平台、以社会组织为载体、以社会工作专业人才为支撑、以社区志愿服务队伍为依托、以社会慈善资源为助推的新型社区治理机制，探索出运用"五社联动"机制提升基层社会治理效能的新路径。

【摘　要】为贯彻落实文件精神，荆州市荆州区街道社工站积极探索"五社联动"服务机制在基层社区治理实践中的作用。作为街道社工站（社区社工室），医务社工社区服务站由医务社工与社区社工携手引导，由社区医务志愿者队（组织）负责运营，运用"五社联动"机制，打通医院与社区协同服务的渠道，调动多方资源主体参与，弥补社区健康资源的不足，增强居民健康自护能力，进而提升基层社会治理能力。

【关键词】五社联动　双工联动　社区健康

近年来，国家出台不少文件政策以促进人民健康生活。《健康中国行动 2021 年工作要点》推动实施"健康知识进万家"试点工作，为村（居）培养家庭健康指导员，为家庭培养健康"明白人"，提高健康知识可及性。《湖北省影响群众健康突出问题"323"攻坚行动方案（2021—2025 年）》针对八类

---

① 本案例作者为荆州市荆州区正泽社会工作服务中心朱帅。

疾病和健康问题的联合攻坚行动，普及健康生活方式。

随着我国老龄化程度的加深，慢性疾病逐渐成为提高我国总体健康水平的"拦路虎"。荆州市民政局最新统计数据显示，截至 2020 年底，荆州市 60 岁以上老年人口达到 51.8 万人，占总人口的 17.2%，且每年仍以 0.5% 左右的速度增长。在医院，老年慢性疾病患者较多，健康服务需求大，但医院针对老年慢性疾病以治疗型服务为主，受住院时长、人力资源等因素制约，预防 + 康复服务无法在院内开展。受政策影响，越来越多的医疗专家和医疗资源下沉社区，直接惠及社区居民，但下沉基层专家数量有限，且高级医疗资源流动性差，导致医疗资源和居民健康需求无法有效匹配，使得健康服务在社区和医务双领域均面临较多挑战。

社工功能整合：医院 + 社区双向服务转介

2022 年 2 月，驻荆州市中心医院医务社工在内分泌科查房时遇到了患者杨奶奶。杨奶奶 92 岁，高龄独居，因患有糖尿病需长期注射胰岛素，但由于其家人都不知如何注射胰岛素，杨奶奶出院后无法按照医嘱休养，因此苦恼不已。为帮助杨奶奶摆脱困境，医务社工联系到杨奶奶的儿媳，以便为其提供就近照顾，同时邀请专业医师为杨奶奶家人提供胰岛素注射培训。

杨奶奶的困境并非个例，在日常工作中，医务社工发现，老年慢性病患者在院期间虽获得治疗，但住院时间短，医疗维持效果有限，而由于医院自身原因无法提供有针对性的"预防 + 康复"服务。一旦返回社区，不少老人极有可能会因为自身健康自护能力不足和社区可供给的医疗服务资源不足出现病情反复，不得不频繁出入医院。

为彻底解决这类问题，医务社工开始与社区社工对接，着手为社区引入医疗资源。但很快新的问题接踵而来：如何打通医院和社区间的服务通道，如何将医院优质医疗资源引入社区，让老人在出院回归社区后也能获得持续性专业化的医疗健康服务。

带着这样的疑问，医务社工与社区社工进行功能整合，提出服务双向转介的构想，即社工从服务对象入院治疗到出院回家，进行全流程动态跟踪服务，医务社工待患者病情稳定后将其转介回社区，由社区社工及医务社工共同跟进，社区社工将辖区内需复诊的患者转介到医院，医务社工在院内为其提供全程服务。

人力可持续：从平台搭建到赋能志愿者

该构想得到了荆州市（区）民政局、市卫生健康委、市中心医院等单位的大力支持。社工们实地走访调研了医院周边社区，选取了需求量大、服务资源丰富且参与意愿强的 5 个社区建立首批试点医务社工社区服务站，为设想落地社区提供阵地平台。

服务站启动仪式前后，社工同步启动了首批医务志愿者招募工作，参与志愿者近百人，这也为后续服务提供了人力储备。但仅有志愿者还不够，还需要将他们组织成一支稳定的、有技能的团队来推进后续服务的开展。为此，医务社工与社区社工积极整合社区及医院内各种资源，主要包括荆州市中心医院各科室、各社区卫生站等医疗技术资源，"幸福家园"村社互助平台等公益慈善资源，医院医务社工、街道/社区社工、社区下沉党员、高校督导老师等人力资源，为医务志愿者制订赋能培训方案。通过多方的共同努力，培训方案为医务志愿者提供了 6 期医务技能培训，包括：血糖测量培训、血压测量培训、外伤包扎培训、海姆立克法培训、烫伤处理培训、心肺复苏法培

图1　三街道五社区医务社工社区服务站在东城街道解放社区举行启动仪式

图2 在城南高新园新民社区医务社工对医务志愿者进行血糖监测培训

训。此外，还提供了两期志愿者赋能培训，包括：医务社工社区服务站内容讲解及志愿者精神解读、志愿者服务平台使用及志愿服务技巧讲解。

随后，社工组织医务志愿者参与医疗健康服务活动，医院端主要是门诊导医活动，志愿者通过了解医院各科室设置、功能分区等，协助从社区转介到医院的服务对象更好地接受治疗；社区端主要是健康讲座、义诊服务，志愿者向居民宣传慢性疾病预防及康复知识，从中主动发掘潜在对象，将其转介到医院接受专业治疗。截至2021年8月，试点社区累计开展服务活动30余场。

服务可持续：孵化培育社区社会组织

2021年7月，医务志愿服务队正式成立，以梅村、新民、南门、解放、通会桥5个社区为阵地，开展急救能力建设、志愿组织孵化、医务社工外展服务、政策对接4项专项服务，健康知识宣讲、常见疾病护理培训、专家坐诊、社区健康档案4项常规服务，培育社区医务志愿者，为居民健康保驾护航。截至2021年底，该项目在梅村、新民、南门、解放及通会桥社区成功培育了5支医务志愿服务队，累计招募志愿者超600人，开展志愿服务30余场，建立社区居民健康档案近300份，累计服务人次超2000人。

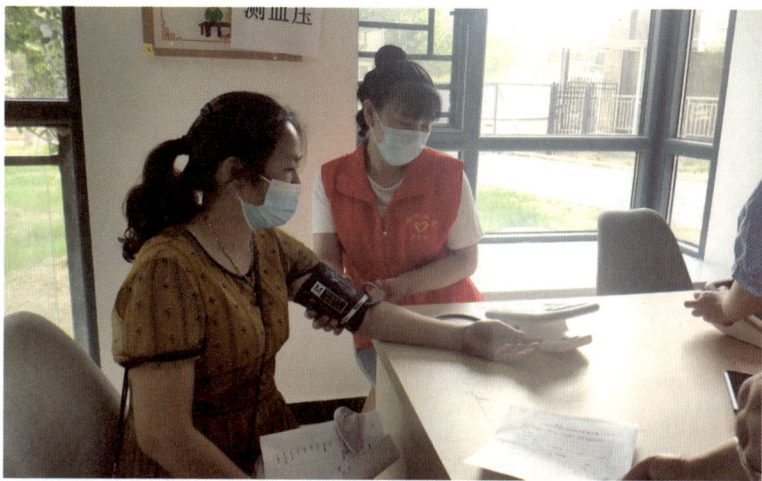

图3 医务志愿者在城南高新园梅村社区居家养老服务中心组织居民义诊

成效的可持续：“五社联动”助力社区健康新模式

社工持续探索“五社联动”机制作用，加强医院与社区的循环互动，实现了医社资源互补，互惠共赢。

首先，医院将出院患者转介回社区，并在转介中为其提供持续的医疗资源支持；同时，社区通过医务社工社区服务站，将辖区内的患者定向转介到医院，让其接受专业的医疗服务。其次，医院内，医务社工在协助科室医生为患者提供治疗的同时还为患者提供心理辅导、情绪疏导等直接服务，待患者病情稳定，将出院需求反馈给科室医生和医务社工后，科室医生协助医务社工将服务对象转介回社区并为其在社区内持续提供医疗资源支持；社区内，社区社工和医务社工为从医院转介回的患者提供个案管理等直接服务，服务对象将健康宣讲、义诊等服务需求反馈给社工，社工通过医务社工社区服务站这一平台，培育和组织医务志愿者，协助社工为服务对象提供预防和康复服务。同时，待服务对象掌握足够的健康知识和医疗服务技能后还可补充医务志愿者，协助社工开展相关服务，发掘社区内患者并将其转介到医院接受医疗服务。

医院   社区

全流程动态跟踪服务
患者入院 ————————————→ 患者回家

转介康复
医务社工 ————————————→ 社工(医务+社区)
        ←———————————— 医务志愿者
              转介复诊

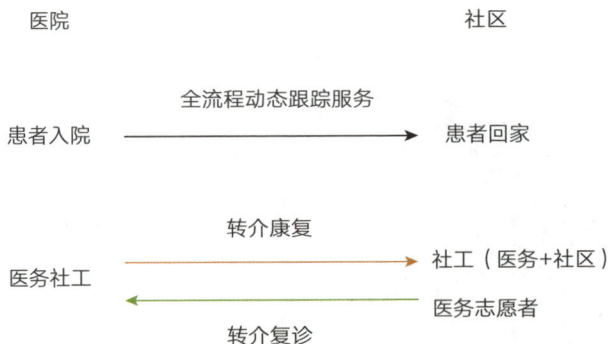

图 4 医务社工社区工作模式

局限与困境

社区健康离不开"五社联动"机制的作用，落地于社区，服务于社区，实现社区资源联动下的各方力量共同参与社区健康工作，激发了居民参与热情，但也存在一些不足之处，主要体现在志愿组织的建立与培训上：

第一，招募志愿者人数少。项目初期，社区宣传力度不够、居民的疾病预防意识及志愿服务意识相对较低，使得招募志愿者时报名人数较少，导致报名周期较长。第二，技能培训时间与志愿者的时间冲突。大多数报名参与急救志愿者培训的志愿者为中年上班族，工作日需要上班，但是医护人员所提供的急救志愿者培训多安排在工作日。后续针对此问题，社工通过录视频、现场直播的方式进行解决，让更多的志愿者学习到了急救知识和技能。第三，医务志愿者培训内容相对单一。医务志愿服务队的技能培训主要围绕急救知识及相关技能开展，其中"海姆立克法""心肺复苏法"主要适用于特殊时刻，适用场合较少，缺少在日常生活过程中能够用上的医疗知识及救护技能等。第四，医疗普及支持不稳定。长期的医疗救护知识技能培训对于医护人员的数量及时间安排要求较高，但因医院工作本身较忙，可用于培训的时间有限。

同时，虽然医务社工社区服务站很大程度上使社区居民的健康认知水平提升，志愿服务意识增强，推进了基层社区医疗体系的建设，促进了社区治理新局面的形成，但对于医务社工社区服务站项目推进过程中存在的缺点和不足，也需不断改进和完善。

【研讨题】

1. 如何有效实现医务与社区社工之间的"双工联动"？
2. 如何理解"五社联动"机制在其中的作用发挥？
3. 医务社工社区服务站未来何去何从？

案例分析

一、项目的必要性分析

2021年8月，荆州市许多街道和社区都发布了召集防疫志愿者的通知，希望居民能够参与社区防疫工作，缓解即时的人手压力。

医务社工社区服务站项目自提出以来便得到了社区及街道的高度认可，表示将大力支持项目的开展。街道主任表示："社区在防疫方面的工作压力特别大，社工组织这样的活动非常有意义，你们要多召集一些居民志愿者，帮助社区做好疫情防控的工作！"

在居民认可度上医务社工社区服务站落地站点均选择在辖区爱心居民多、志愿基础较好的社区，得知社工即将筹建一支医务志愿者服务队，很多居民在社工的招募展板前咨询，"医务志愿者是做什么的""我能报名吗，有什么条件限制""做这个有什么意义呢"。当前社区的志愿队伍以安全巡逻、清洁卫生、文娱舞蹈为主，尽管大家对"医务志愿者"缺乏认识，但得知医务志愿者能听到专业医师讲授急救防护知识并结识志同道合的伙伴时，居民参与热情高涨。

医务社工社区服务站在社区及相关民政部门的支持下能够更好地链接辖区内相关公益慈善资源，为辖区志愿者提供医疗技能培训。同时，社会工作者为志愿服务队提供专业的服务指导，促进其朝着社区社会组织的方向发展，实现社区社会组织持续参与社区治理。

作为"五社联动"的机制创新，医务社工社区服务站将社会工作者、社区、社区志愿者、社区社会组织及社会公益慈善资源进行联动，创新了社区治理新模式，为其他地区盘活"五社联动"提供了可借鉴的经验。

二、"双工联动"的职能协作分析

医务社工社区服务站结合自身优势，以培育和发展社区社会组织为出发点，明确了培育社区社会组织的动力源泉：社区社工、医务社工。

社区社工，即街道社工站驻点在落地社区的项目社工，是社区社会组织培育的执行主体之一，也是对组织培育成效进行评估的核心考核对象。在社区医务志愿者服务队启动培育之前，社区社工已在各社区开展工作接近半年，熟悉社区情况，群众基础良好，在全面了解民情社意的基础上，他们以"医疗健康"为抓手，吸引了大批居民参与医务志愿者培训学习，是社区医务志愿者服务队的重要发起人。在具体的社区社会组织培育环节中，社区社工承担着社区社会组织结构设计、组织成员招募、培育初期服务活动的开展、组织化与合规化建设、团队能力建设、组织后续发展规划与制度建设等目标任务，贯穿社区医务志愿者服务队从萌芽到成熟的全过程，是连接社区社会组织与社区居委会、医务社工和志愿者的中间端口，是社区社会组织培育的重要工具和行动拉手。

医务社工，即荆州市中心医院医务社工部的社工，是社区社会组织培育的另一执行主体。在社区医务志愿者服务队培育计划制订之初，医务社工入驻医院已半年有余，熟悉医院医务社工部工作概况和工作重点，并具备了一定的医学基础知识。在社区医务志愿者服务队培育计划制订初期，医务社工即与社区社工取得联系，在服务技能培养、社区健康活动开展方面提供重要建议，并就组织培育、工作进程、资源需求等问题与院方及时联络、报告，最大限度地为组织培育争取支持。在组织培育中后期，医务社工继续跟进技能培育进程，广泛为各社区引入医院、红十字会、高校医学院等医疗资源，搭建资源与需求对接的平台，协同社区社工跟进医务志愿者服务队服务落地进程，成为社区社工和社区居委会的重要合作伙伴。医务社工作为医疗资源在社区的代言人，承担着资源引入、技能培育跟进的重要责任。

三、"五社联动"机制的联动路径分析

2021年4月，湖北省民政厅印发《湖北省城乡社区"五社联动"工作指引》，号召各地结合实际，探索建立起融合发展、运转有效的"五社联动"机

制。医务社工社区服务站充分体现了"五社联动"机制中各元素在基层社区服务中的能量聚合，使得多种路径联动成为可能，是回应"五社联动"机制创新的一次有效尝试。

第一，在工作阵地上实现了联动。各社区发挥基础平台作用，依托街道社工站，与社会工作者协作，引导社区志愿者积极参与，邀请中心医院与社区卫生中心参与，共同建立了5个医务社工社区服务站，明确了健康预防与维护功能，实现了工作阵地上的联动。

第二，在服务需求上实现了联动。街道社工站发挥专业支撑作用，开展需求调研，建立居民健康档案，发掘居民需求，协助志愿服务队设计服务方案，链接医院、社区卫生中心等医疗资源，共同开展健康服务，实现了服务需求上的联动。

第三，在队伍建设上实现了联动。社区、街道社工站与中心医院联合开展了第一期医务志愿者培训，培养了60余名志愿者骨干，孵化培育了5支医务志愿者服务队，不断壮大志愿服务力量，实现了队伍建设上的联动。

第四，在资源整合上实现了联动。医务志愿服务队充分利用社区内外资源，链接"幸福家园——村社互助"慈善平台、爱心企业、医院和高校等资源，积极为居民提供健康义诊、专家坐诊、爱心捐赠以及志愿服务等服务，实现了资源整合上的联动。

无论是从理论层面还是实践层面，医务社工社区服务站都是荆州地区为推动"五社联动"落地实现的成功探索，是为提升社区治理能力迈出的可喜一步。

📝 专家点评

荆州区街道社工站的医务社工社区服务站案例充分体现了"五社联动"机制在促进社区健康管理中的潜力和效果。通过医务社工与社区社工的紧密合作，以及社区医务志愿者的积极参与，该项目成功地打通了医院与社区协同服务的渠道，解决了社区健康资源不足的问题。项目通过多方资源的整合，提升了社区居民的健康自护能力。比如，通过健康教育、疾病预防和健康筛查等服务，居民的健康意识和健康管理能力得到了显著提高。同时，项目还加强了居民之间的互动和支持，促进了社区的凝聚力和互助精神。这种将健康服务延伸到社区的创新模式，不仅有效缓解了医疗资源的紧张问题，也为居民提供了便捷的健康管理服务，提高了社区的整体健康水平和治理能力。该案例为其他地区探索社区健康管理的新路径提供了有益的经验。

微光行动，"益"起筑爱

——荆门市漳河新区双喜街道"微心愿"志愿服务 [①]

案例正文

【引　言】社区公益基金在凝聚公益资源、拓宽慈善渠道、改善社区民生等方面发挥着重要作用，为拓展本土慈善资源在社区公益服务中的参与形式，"中华慈善总会·五社联动·志愿加油站"2022年8月落地荆门市漳河新区双喜街道，依托湖北省慈善总会，建立双喜街道社区公益基金。如何使社区公益基金做到取之于民、用之于民，如何在有效回应辖区困难人群、社区治理中个别化和共性的服务需求之余，促进社区公益基金影响力和公益效能的最大化？

【摘　要】社区公益基金有利于激活在地的慈善资源、志愿者等多方社会力量，在社区治理、扶贫济困等方面发挥着重要的作用。本土在运用社区公益基金关注辖区困难人群、社区治理疑难点等方面缺乏实践经验，项目服务前期尝试运用社区公益基金开展"新春送福"春联义卖、元宵公益灯会祈福、灯笼义卖等方式进行劝募；后期探索使用社区公益基金在推动多元社会力量参与、创新社区治理体系、满足民众尤其是困难人群及村社等各方服务需求中的多元化工作路径和服务方法。

【关键词】社区公益基金　困难人群　微心愿　志愿服务

自设立双喜街道社区公益基金服务平台以来，社会工作者以双喜街道社工站为阵地，联动志愿者、社区社会组织、社会公益慈善资源等公益力量，

---

①　本案例作者为荆门市蓝天社工服务中心刘舒敏、陈璐。

积极开展敬老助残、法治宣传、便民利民等主题志愿服务活动，扩大志愿服务的参与面和服务覆盖范围。广泛整合辖区企业、单位、商户、热心居民等资源，先后开展"新春送福"春联义卖、元宵公益灯会祈福、灯笼义卖等爱心义卖活动，将辖区爱心单位、企业、商家等爱心资源进行了激活和联动，一定程度上提升了双喜街道社区公益基金的知名度，强化了公益基金对社会慈善资源的凝聚能力，为搭建爱心资源和困难人群互动支持平台奠定了基础，推动了良好社区公益氛围的营造。

立足服务需求，策划微公益项目

双喜街道辖区内困难人群较为分散，因健康状况不同、家庭支持功能和社会支持网络等资源有限，面临健康维护成本高、家庭经济压力大、生活信心不足、社区参与度低等不同程度的困难。村社因自身发展存在服务局限性，困难人群面临不同程度的生活困难，缺乏有效解决问题的能力。

前期通过双喜街道社区公益基金进行善款劝募时，为加大慈善资源、民众等参与力度，以服务辖区困难人群、社区治理等需求为切入点，促使居民、爱心单位/企业、商家等对社区公益基金积极关注，及时运用社区公益基金开展扶贫济困等主题志愿服务活动以回应辖区困难人群的个别化、共性服务需求，这样做也有利于提升社会慈善资源在社区公益基金中的参与度。

3月是学雷锋活动月，社区以此为契机，征集社区人民困难需求，策划微公益项目。在双喜街道联动各村、社区开展"微光行动"微心愿圆梦志愿服务活动，整合爱心公益的力量，发动志愿者、社会慈善资源关注困难人群，践行雷锋精神，倡导民众正确认识志愿服务，提升社区民众参与志愿服务的能动性。促进民众、爱心单位、爱心企业等多元主体积极参与社区公共服务，扩大志愿服务及社会慈善资源的覆盖面，树立志愿服务新风尚，进一步壮大志愿者队伍。

以微心愿为引子，整合多方社会力量，关注社区困难人群急难愁盼的个性和共性服务需求，协助辖区内困境儿童、重病重残人员、孤寡老人等困难人群实现其多元的微心愿需求，助力完善互助他助—社区服务—社会支援支持体系，提升困难人群的生活信心，缓解辖区困难人群的生活困难，强化其社会支持网络。

发挥专业优势，点亮"微心愿"

多方沟通，服务接洽

社会工作者与双喜街道社区公益基金管委会（漳河新区慈善总会、双喜街道办事处、爱心人士代表等）沟通"微心愿"圆梦服务事宜，结合各方反馈并拟定优化服务方案。根据"微心愿"圆梦方案，制订"微心愿"圆梦志愿服务双喜街道社区公益基金请款方案并进行审批。

心有所愿，复核公示

通过多渠道发布活动预告、张贴活动海报等，社工广泛宣传微心愿圆梦活动，提升了"微心愿"志愿服务知晓度。社工联动双喜街道各村/社区，以"线上+线下"相结合的形式启动微心愿征集活动。

线下征集微心愿的过程如下：首先招募志愿者加入社区社会组织服务中，开展微心愿圆梦征集需求培训，通过入户探访等形式，了解辖区困难群体的微心愿，并做好服务痕迹规范管理。

线上征集微心愿的过程如下：发布微心愿征集活动预告，通过电话、微信群、微信公众平台等自媒体形式征集困难人群的微心愿，按区域划分，做好登记管理。

通过入户探访、电话回访的"线下+线上"形式收集双喜街道内的孤寡、独居老人、困境儿童、残障人士等困难人群的微心愿，微心愿征集完成后，与村/社区、"微心愿"申领者等群体进行复核，并公示符合条件的微心愿。

愿有所助，多方联动

在商户群、志愿者群、居民群、微信公众号中发布招募公告。在朋友圈等平台加大"微心愿"圆梦人招募宣传力度，倡导社会爱心力量认领困难人群的微心愿；及时做好圆梦人反馈及宣传，在相关平台动态化公示"微心愿"认领及圆梦情况；用已招募到的圆梦人进一步调动其他爱心力量参与微心愿圆梦服务的积极性，扩大志愿服务覆盖面。

图1 "微心愿"圆梦行动启动仪式

圆梦"微心愿",点亮新生活

在开展系列"微心愿"圆梦活动时,社会工作者运用"五社联动"机制,以入户探访的形式为困难人群圆梦。

社会工作者先后开展了3场"微光行动"微心愿圆梦志愿服务活动,带动了30余人次参与志愿服务,链接了文具、图书、益智玩具、生活物资、童装童鞋、电视机及电视网络、老人护理用品等20余次爱心资源,先后为周河村、双井村、袁集村、车桥村、双仙村及龙山脊社区、汉通楚天城社区、凤凰湖社区的困境留守儿童、困境老人和重病重残人员等45户送去圆梦物资和关爱。

车桥村独居的王奶奶,老伴病逝,儿子在外地工作,很少回家,她想拥有一台电视机来打发时光。王奶奶的微心愿得到爱心人士刘君枝女士的支持,捐赠了一台崭新的电视机。

有了电视机,还需要有网络,才能真正实现王奶奶看电视的心愿。社工继续通过网络渠道发布信息,"我来帮老人安装电视网络吧!"荆门移动东宝分公司乡镇网格的网格长程娴女士看到心愿后主动向社工表达了自己的意愿。2023年3月25日,经过一番忙碌操作,电视、网线一一安装完毕,在多方爱心力量的支持下,合力圆了王奶奶的"电视梦",王奶奶感动得连连道谢。

图2　爱心合力，王奶奶圆了"电视梦"

在楚天学校五年级就读的陈锦奕同学，通过社区了解到困境儿童的"微心愿"后，在父母的支持下拿出自己近千元的零花钱为困境儿童送上咕卡玩具、图书、书包、衣服等助力他们圆梦。

陈锦奕在青少年志愿者代表发言中这样说道："一套心仪的玩具，让同龄孩子感受到童年的欣喜；一套学习用书，让家庭困难的同龄孩子有更多学习动力。虽然我的力量很渺小，但是只要我在用心，我所帮助的人就会体会到被关爱的感觉，就会多一份幸福感。我觉得参与公益服务是一件很有意义的事情。"

系列"微心愿"圆梦志愿服务活动结束后，及时公示"微心愿"圆梦完成情况，活动期间共征集47个"微心愿"，在多方联动下成功圆梦45个"微心愿"。未达成"微心愿"两个，分别为洗衣机和电动轮椅，未达成的情况也及时进行公示。

在圆梦志愿服务活动结束后，为了更好地进行资源链接，后续公益团队会及时与相关心愿未达成的服务对象进行沟通，协助其积极处理后续会面临的困境。对于"电动轮椅"微心愿提交者，项目组积极与残联等相关单位进行沟通，协助其了解后续辅具申请事宜，并为其送上缓解生活困难的米油等生活物资；对于有洗衣机需要的老年人，提议村委、服务对象邻里等进行互助，说明志愿服务激励机制及"爱心超市"积分服务制度，鼓励邻里就近给予必要的生活支持服务，并关注该老年人的生活近况。

图3 社工带领志愿者为居民圆梦

【研讨题】

1.如何提高社区公益基金的知晓度，进一步加大慈善资源、志愿者等多方力量的参与力度，促进社区公益基金的可持续发展？

2.面向困难人群开展"微心愿"圆梦微公益项目，如何有效扩大"微心愿"的圆梦覆盖面，提高圆梦服务的精准性和适切性？

3."微心愿"圆梦的服务形式在一定程度上有利于拓展服务对象的支持网络，从长远来看，并不能从根源上解决服务对象面临的问题。如何巩固"微心愿"圆梦服务的已有初步成效，提升后续助人服务的可持续性，有效挖掘服务对象自身的潜在优势资源？

案例分析

一、多方社会力量的参与，提升社区公益基金知晓度

要提升社区公益基金的可持续发展可能性，需要各方社会力量的参与，如何在有限的时间里，为来自不同领域的群体搭建平台，让他们能够最大限度地了解并参与社区公益基金的发展，是项目面临的一个问题。

解决项目面临的问题，需要立足当地服务需求，多方了解本地发展过程中面临的社区治理难题、民政重点服务人群等面临的困难和亟待解决的问题，对相关困难及问题进行梳理及分类，同时也需要厘清当地的各类已有或潜在的优势资源，以提升服务的可行性和适切性。

"微心愿"圆梦活动从策划筹备到组织实施，有效结合了村社、困难人群、社会爱心资源等多个群体。在圆梦服务过程中，围绕困难人群的个别化和共性需求，以微心愿为纽带，积极整合各类社会慈善资源，联动爱心单位／企业／商户／个人发挥自身优势资源，广泛动员各类服务力量践行公益精神，以此促进社区公益氛围的营造和志愿服务的宣传，也促进了困难人群及慈善资源、志愿者等之间的联结，有利于提升各方力量对社区公益基金的知晓度，也为他们通过支持社区公益基金的发展进行公益服务奠定了基础。

二、加大服务宣传力度，公开公正获取多方认可

"微心愿"圆梦活动面向双喜街道辖区内的所有村社开展，动员村社线上发布"微心愿"圆梦活动征集令，以"线上征集＋线下探访"两种模式相结合，对民政重点服务人群进行着重宣传，扩大"微心愿"圆梦的受众范围，也避免其他民众因缺乏对该服务的知情权而引起误会、矛盾。

项目组在启动"微心愿"征集时，对"微心愿"的采集对象及"微心愿"内容等进行相关说明。采集对象为辖区各类困境人群，包括但不限于困难退役军人、孤寡老人、困境儿童、低收入家庭、重病重残等人群。以家庭为单位，每户可许1个"微心愿"，且微心愿需贴合实际、具体，立足生活实际困难及需求，拟定切实可行的"微心愿"内容。"微心愿"可为学习用品、生活物资、便民支持服务等。对已采集的微心愿会联动在地村（居）进行确认和复核，提升"微心愿"圆梦的精准性和适切性。对不符合条件者给予反馈说明，做好"微心愿"采集、复核、筛选、公示服务，最大限度地确保服务的客观性、公正性。

三、圆梦"微心愿"的长效机制及困境探索

"微心愿"对困难人群而言是微小但重要的"愿望"，圆梦的"微心愿"属于锦上添花的类型，让他们知道即使遇到困难或在自身能力范围内去实现

某些想法会较有压力时，通过"微心愿"圆梦能够集结到社会的爱心力量，缓解他们的生活压力。但与此同时，"微心愿"圆梦这类便民服务缺乏长效服务机制，也不能深入开展，无法有效解决困难人群长期面临的问题，并不能从根源上解决服务对象及其家庭面临的困难。

本案例中，"微心愿"圆梦的延展服务需与相关方进行积极接洽，以巩固"微心愿"圆梦的已有服务成效。后续对"微心愿"圆梦服务进行积极宣传，总结相关服务经验。还需针对"微心愿"征集圆梦等服务过程中参与的志愿者、社会慈善资源进行有效管理。就近组建各村、社区的志愿服务资源库和志愿者队伍，保持对相关困难人群的持续关注并提供必要便民支持服务。同时，积极立足当地村社，促进该村、社区志愿服务类型的多样化，建立邻里互助志愿服务队，进一步拓展困难人群的村社支持网络。

从助人自助的角度来看，如何提升服务对象及其家庭解决问题的能力也是需要注意的，需要关注服务对象及其家庭在获得了圆梦服务后，可能会对社会爱心资源产生非理性的期待、对自身及家庭的处境感到无力的消极情绪。防止解决自身困难的能力、信心等出现不必要的退化。

📝 专家点评

社区微公益基金作为一种新兴的公益模式，体现了公益活动的创新性和灵活性。它通过小额资金的集聚和使用，结合社区邻里之间相互帮助的传统观念，促进困难群众"微心愿"的实现，有效摆脱传统公益活动中资金分散、难以集中力量解决具体问题的困境。案例中，基金的设立充分结合了社区实际情况，"微心愿"的设立要求贴近困难群众需求，具有较强的实用性和针对性。项目选择是基金运营的关键环节。案例中，基金通过深入调研、广泛征求居民意见等方式，确保"微心愿"这一环节的设立能够帮助到困难群众，符合社区发展需求，能够切实解决居民的问题。项目执行过程中，基金注重与居民、社区组织等多方合作，形成良好的互动机制，提高了项目的执行效率和质量。基金运营过程中，建立了完善的评估机制和后续跟进系统，对"微心愿"流程、执行等关键环节进行全程跟踪和评估，确保了基金运营的规范性和有效性。通过定期公布基金运营报告、接受居民监督等方式，提高了"微心愿"项目的透明度和知名度。社区微公益基金的设立和运营，激发了居民的参与热情和社区意识。案例中，居民积极参与基金募捐、项目申报等各个环节，形成了浓厚的社区氛围。通过基金的支持和推动，社区内的困难群体得到了更多的关注和帮助，社区凝聚力和向心力得到了进一步增强。同时，基金的成功运营也为其他社区提供了有益的借鉴和启示。

"五社"齐聚力，服务暖人心

——武汉市江岸区汉广社区为老服务 ①

案例正文

【引　言】党的二十大报告提出，实施积极应对人口老龄化国家战略，发展养老事业和养老产业。社区养老是新时代共建共治共享社区治理格局下面临的难题，也是社区居民关注的热点。近年来，汉广社区顺应老年人居家养老需求，将服务重心不断向社区倾斜，社区居家养老服务取得显著进展。

【摘　要】武汉市江岸区汉广社区辖区内老年人数量多，养老问题突出，养老服务的供需矛盾十分严重。为满足汉广社区的居家养老服务需要、推动多元主体参与社区治理与社区服务、增进邻里之间的联系，汉广社区积极发挥社区、社工、社区志愿者、社会组织和社会慈善资源的"五社"优势，将社区发展现状和社工专业知识相结合，挖掘社区优势资源，畅通多元主体参与基层治理渠道，利用"五社联动"提高居家养老服务质量，提升民政工作社会化、专业化水平。

【关键词】社区治理　"五社联动"　居家养老

汉广社区成立于 2017 年 9 月，面积 0.6 平方千米，是典型的"商圈 + 商品房"的现代商品房新建社区，社区居民以青年就业群体为主，青少年以及婴幼儿人数较多；60 岁以上 1980 人，65 岁以上 1291 人，70 岁以上 626 人，80 岁以上 136 人，90 岁以上 17 人。辖区内独居老人 58 人，孤寡老人 1 人，失独老人 8 人，空巢老人 102 户，整体服务还是"一老一小"居多。

---

①　本案例作者为武汉市逸飞社会工作服务中心陈洁、程玥，由武汉市文澜社会工作服务中心驻汉广社区项目组社工熊李纯子提供案例素材。

发展基础差　服务需求大

汉广社区在"五社联动"的发展上也存在诸如社区、辖区共建单位及其他社会力量分工界限明显，参与碎片化；社会组织发展不足，组织管理和团队建设等方面都有所欠缺，自身长期发展受限；社区骨干、志愿者和居民参与不够，不能很好地调动社区人才的力量，居民参与度不高等情况。汉广社区高层商品房小区较多，人口密度大，邻里互动欠缺，存在部分居民服务要求无法满足、服务覆盖不够等问题，需要进一步促进"五社"融合。

在养老服务方面，面临着老年人数量较多，老年人服务设施场地不足的问题，存在以下更为明显的服务需求：一是社区老人对相关政策信息接收不及时或理解不够；二是高龄老人、残疾人、失独老人等特殊的老年群体，日常生活照料比较困难；三是老年人行动不便就医难，老年人囿于体力和精神因素，本就行动不便，而且社区缺乏相应的医疗条件，看病比较艰难；四是社区为老活动较少，很多老年人闲暇时间精神文化生活较为匮乏。

社会工作者结合社区老年人服务需求，运用"五社联动"服务方式，针对辖区内老年群体开展专业服务。社会工作者与社区协同，联动多方资源为社区困难群体"补短板"，通过组织并管理社区议事会，搭建社区议事协商平

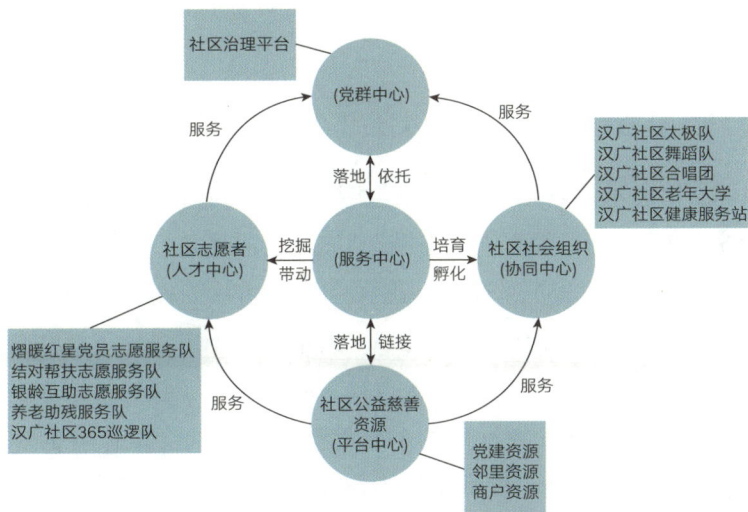

图 1　社会工作者服务策略图

台，掌握社区情况、了解居民意见，引入专业社工和社会组织的服务。引入社会慈善力量发展社区服务，建立完善"五社联动"服务体系，增强社区的"造血能力"，引导居民参与居民自治，推动社区服务良性循环。

打造"老年友好型社区"，打通为老服务"最后一米"

联动社区，开展政策宣讲

针对社区老人对相关政策信息接收不及时或理解不够等问题，社会工作者主要从两个方面解决：一是面向能够外出参与活动的老人，开展政策宣讲，印发政策解读宣传卡片等；二是借助社区力量，结合社会政策热点，邀请社区网格员一起，开展防诈骗及政策宣讲服务的"敲门行动"。

招募志愿者，提供为老便民服务

社会工作者通过积极在社区开展志愿服务推广宣传招募工作，吸引了一批有专业技能的爱心志愿者，每月在社区 5 个广场轮流开展为期一周的常规性便民服务，为社区居民提供磨刀、理发、修脚等便民志愿服务。同时邀请社区爱心志愿者参与一对一的结对邻里互动服务，社工为志愿者提供专业服务指导，引导其学习访谈技巧与注意事项，定期上门为有需要的居民提供关爱及简单的生活照料服务，发扬邻里互助精神，让社区的老人们享受幸福的晚年生活。

培育社区社会组织，保障老人生命安全

在明确居民需求的基础上，积极挖掘社会组织的力量，组建并培育了"汉广社区 365 巡逻队""退役军人服务队""志愿者服务站"等 15 支社区社会组织。其中，"汉广社区 365 巡逻队"是汉广社区和社工在充分挖掘社区骨干、动员社区居民力量的基础上，建立的一支由辖区骨干居民、下沉和自管党员、志愿者组成的社会组织。社会工作者与社区联合摸索"汉广社区 365 巡逻队"发展壮大的方法，充分发挥社区的平台优势、结合社会工作者的专业指导，通过实时督导、能力培训、议事座谈等方式，在引导"汉广社区 365 巡逻队"更好地提升组织管理和服务能力、参与社区建设和志愿服务的基础上，也吸

引了更多的居民参与社区志愿服务。"汉广社区 365 巡逻队"现有 200 余名队员，年均服务 300 余场次，长期活跃在社区开展形式多样的志愿服务活动，他们广泛分布在各个楼栋单元，建立起"线上网格群'巡逻'+线下苑区巡逻"的服务模式，实现全员参与、全域巡查，守护社区居民的安全。

7 月的一个雨夜，1 号商住楼网格微信群里 17 楼小旅馆的女老板余婆婆的一条语音打破了平日的宁静："各位邻居，我家老头子倒了，谁能来帮帮我啊！" 17 楼的小旅馆日常只有这对 60 多岁的夫妇照看着，子女远在深圳工作，平日里一起生活的只有夫妻两人。

社会工作者听到这个消息后焦急万分，但是住得远不能及时赶到帮忙。社会工作者立马拨通"汉广社区 365 巡逻队"队长、物业楼管老魏的电话，没想到正在 1 号楼巡逻的老魏看到微信群消息，早就已经赶往 17 楼，及时拨打了 120，他和其他队员一起在 120 赶到之前，将杨爹爹搀扶到一楼大厅，并安排队员在路边为 120 指路。15 分钟内便将心梗倒地的杨爹爹送上了救护车。

几天后，杨爹爹康复出院了，余婆婆在网格群里发了一篇长长的感谢信，感谢"汉广社区 365 巡逻队"的志愿者们用自己的热心和果敢拯救了杨爹爹的生命。后来，每次在楼栋里碰见小分队巡逻，余婆婆总会热情地跟他们打招呼。

链接社会慈善资源，关爱老人身心健康

每月 5 日，都是社会工作者为当月过生日的老年人开展生日会的日子，邀请当月生日的老人共同参与，为其庆祝诞辰，对于行动不便的老人，社会工作者和爱心志愿者一起探访，为其送去生日祝福，陪伴老人聊天，关心其日常生活状况。对于有特殊困难的老人，会进行长期跟进，开展有针对性的个案服务。

为解决社区老人出行看病不便的难题，社会工作者链接到了武汉亚洲心脏病医院和武汉大众口腔医院，每月在社区广场定期为社区居民提供医疗服务，讲解医疗保健知识，同时为高龄、残疾等困难群体建立健康台账，定期组织专家专科义诊、上门助医。

社区有一位 75 岁的丁婆婆，曾经三度中风，生活不能自理，走路都比正常人困难。健康站刚成立时，丁婆婆在家人的陪同下来做常规体检，在了解

到这里有理疗服务项目时，丁婆婆也很想试一试，无奈家人有时无暇顾及。社会工作者了解到情况后，主动跟踪丁婆婆的情况，陪她坚持来做治疗并给予其心理上的关怀。在社会工作者及站长热情、周到、细致、暖心的服务下，老人坚持做了一年的理疗项目，包括中医透药、艾灸、烤灯等，无论严寒酷暑，老人坚持天天来做，奇迹发生了，老人的病症得到了有效控制，神奇地好了起来，现在老人有时间就到处旅游，活动跟正常人没有区别，社会工作者用真心和耐心换来了老人的新生。

【研讨题】

1. 社会工作者如何在现有条件下最大限度地联动多元主体参与基层治理服务？

2. 如何更好地在服务广大老年人的基础上，满足部分老年人的个性化需求？

3. 如何促进社区更多的居民参与社区为老志愿服务，促进基层社区治理？

案例分析

联动"五社"力量，让为老服务见成效。社工通过落实"五社"机制，联动社区、志愿者力量，为社区老人提供生活上的支持力量，通过政策宣传、志愿者便民服务及志愿者上门服务，一定程度上解决了老人的生活照料及生活便利的问题；培育社区社会组织力量，为社区老年服务提供续航力量；链接慈善资源，为社区老人服务提供补给力量。社工团队联合汉广社区，链接武汉亚洲心脏病医院和武汉大众口腔医院等资源，获得了相关医疗服务，包含讲解医疗保健知识、义诊、上门助医等，一定程度上缓解了老人就医难的问题；开展社工服务，社工通过为老人开生日会等形式，丰富了老人的业余生活，也让老人体会到了社区的温暖。汉广社区能让"五社"资源得到有效的整合和利用，离不开以下几个方面的探索。

一、发动红色引擎，团结多元力量，让"五社联动""行动有方"

通过激活"红色"细胞，以党建引领为指导，以社区居民委员会、业主委员会、社区社工站为实施共同体，整合社区资源，联合专业社会组织、辖区共建力量，不断推进和完善"五社联动"服务机制创新。以党建为引领，搭建多元主体互助平台，链接了包含社区、志愿者、党组织、邻里资源、社区社会组织资源、商铺资源等主体的互助与支持，形式多样，有效地补充了社工及社区现有的服务力量。通过充分调动社区内慈善"小力量"，推动社区服务"长运行"，用"五社联动"的方式，让社区治理从"独角戏"变成"大合唱"。

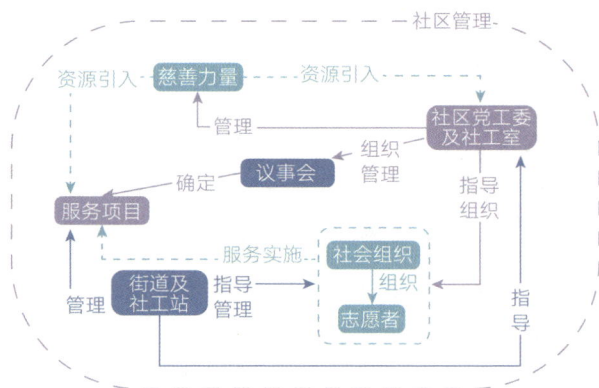

图 2 汉广社区"五社联动"示意图

二、瞄准居民需求，发展服务项目，让"五社联动""服务有为"

通过分层次、多点面的服务推行，不仅满足了大部分居民的需求，还推动了其他社会组织、志愿者和居民的积极参与。如在"五社联动"工作基础上，引进社会工作服务机构、专业社会工作者，将专业资源引入社区，促进社区治理专业化，打造了"专业＋互助"复合式养老模式服务品牌，形成了有效的服务体系。汉广社工结合社区实际情况，参与社区调研、走访和慰问，为有需要的居民群众开展了专业性个案和小组服务，进一步满足社区老年人在惠民服务、文娱活动等多方面的需求，将专业社会组织的服务和社区志愿互助服务相结合，进一步推动社区居民互助。群众满意度不断提升，社区居民高度赞扬，居民纷纷向社会工作者送上锦旗、感谢信。

三、助推志愿服务，激发服务热情，让"五社联动""参与有道"

为保持志愿者积极性，社工团队联合汉广社区制定了志愿服务管理制度，建立了志愿积分激励机制，将日常物资与社区服务纳入激励体系中，鼓励居民通过参与服务获得积分，再来换取服务，从而形成良性的"善循环"，进一步在社区内营造志愿互助的氛围，激发志愿者的活力。社工指导近 2000 名志愿者进行注册，2022 年至今开展环境维护、妇女儿童、慰劳慰问、纠纷调解、居民议事等志愿服务 100 余场，在满足志愿者自我价值实现方面的需求的同时，也让志愿者在"五社联动"方面"参与有道"。

专家点评

案例中的服务内容涵盖了健康管理、生活照料、文化娱乐等多个方面，体现了服务内容的全面性和创新性。这种多元化的服务模式能够更好地满足老年人的多样化需求。特别是案例中提到的健康管理服务，通过定期健康检查、健康讲座等形式，提高了老年人的健康意识和自我保健能力，对于预防老年疾病、提升其生活质量具有重要意义。案例详细描述了项目的实施过程，包括人员培训、服务流程制定、服务监督等环节，确保了服务质量和效率。在资源整合方面，案例充分利用了社区内的各类资源，如医疗机构、文化设施等，实现了资源共享和优势互补。同时，案例还积极引入外部资源，如志愿者团队、专业服务机构等，为项目的顺利实施提供了有力保障。案例中展示了项目实施后取得的初步成效，如老年人满意度提升、社区氛围改善等。这些成效的取得验证了项目的可行性和有效性。在可持续性方面，案例提出了建立长效机制、加强人员培训等措施，以确保项目的长期稳定运行。这些措施对于项目的可持续发展具有重要意义。

多方联动，为单亲妈妈点亮希望

——武汉市青山区新沟桥街道 B 社区单亲家庭个案服务 ①

案例正文

【引　言】2021 年 4 月，腾讯公益慈善基金会与湖北省慈善总会、湖北省社会工作联合会合作，全面启动"腾讯公益·五社联动·爱满荆楚"社会工作服务项目，为受新冠疫情影响的群体提供情绪管理、压力缓解、社会关系修复等心理疏导服务，通过对服务对象的关心关爱，帮助协调其家庭关系，引导其恢复正常社会功能，增强其内生动力和自我发展能力。

【摘　要】单亲妈妈通常是社会中的困难群体，面临"失业、失助、失保"问题——家庭经济困难、子女管教困惑、情绪压力大，同时有着三大服务需求。本案例采取"五社联动"工作机制，社会工作者发挥支持者、引导者、使能者的作用，运用个案工作等多维度方法为受疫情影响的单亲妈妈及其家庭提供社会工作服务，帮助单亲母亲改善亲子关系，协助其恢复家庭功能，构建社会支持网络，重拾对生活的信心。

【关键词】单亲家庭　"五社联动"　家庭功能　社会支持网络

随着我国经济社会的不断发展以及家庭、社会结构的多元化，单亲母亲家庭的出现和增多已经成为一个不可回避的社会现实。部分单亲母亲家庭由于长期陷入物质与精神上的压力，亲子关系紧张，也有一些家庭因缺乏必要的抗逆力来应对不断出现的挑战而导致子女出现各种各样的问题。

居住在武汉市青山区新沟桥街道 B 社区的服务对象 Q 女士，现 43 岁，是

---

　①　本案例作者为武汉市逸飞社会工作服务中心程娟、王梦蝶，由武汉市青山区爱昇社会工作服务中心驻蒋家墩社区项目组社工汪家群提供案例素材。

一位单亲妈妈，独自抚养女儿。服务对象是小学文化水平，在武汉江滩做保洁员，收入较低。服务对象的女儿13岁，初一学生，学习成绩很差，自信心不足，沉默自卑，在班级经常受到男同学的欺凌，产生厌学想法。服务对象知识水平有限，无法辅导女儿功课，省吃俭用将家庭大部分收入花在孩子的课外补习方面，然而效果不明显，且因长期校外补习费用较高，导致家庭经济陷入困境。在经济、生活等多重压力下，服务对象身心疲惫，女儿稍有不听话，便向其发脾气，母女常有争吵，母女关系紧张。

需求预估，制订计划

社会工作者通过专业的需求调研和评估分析，分析出服务对象及其家庭具有以下服务需求：

心理层面。女儿的教育问题和紧张的母女关系让服务对象感到非常焦虑，需要及时进行关心陪伴和心理疏导，缓解其精神压力，帮助其重燃生活希望。

经济层面。服务对象在经济上入不敷出，有较大的经济压力，急需缓解经济方面的压力。

社会层面。服务对象需要更多的社会交往活动，建立一定的社会支持网络。结交朋友、丰富社会生活，可以缓解其精神压力，提升其自信心，使其更容易积极地面对生活困境。

结合服务对象及其家庭的需求，社会工作者围绕解决服务对象的问题，缓解其面临的困境，制订了详细的服务计划。通过链接社会资源，多方联动，为服务对象提供心理、经济和社会方面的支持，帮助服务对象缓解生活压力和经济压力，改善亲子关系，促进服务对象拓展社会交往，帮助服务对象提升生活信心。

分析理论，完善策略

埃利斯的情绪ABC理论认为，每个人都既有理性的一面，又有非理性的一面，人生来都具有用理性信念对抗非理性信念的潜能，但又常为非理性信念所干扰。

从情绪 ABC 理论的角度来看，服务对象及其女儿都一定程度受到了非理性信念的干扰，从而产生一些不良情绪和非理性行为，如厌学行为、母女吵架等。因此，要改变情绪和行为，首先要厘清事件本身及服务对象对事件的解读。

压力应对理论是应用认知或行为的方法，应用于评价压力的意义，控制或改变压力的环境，解决或消除问题，或缓解由于压力而出现的情绪反应。

社会工作者将压力应对理论运用在该个案中。从压力应对理论的角度来看，社会工作者帮助服务对象消除或缓解产生压力的因素，如经济压力、女儿学业问题等，鼓励服务对象正视压力。

社会支持网络理论认为，人的生存发展永远不会是孤立的，一个人总是归属于多个社会网络，构建社会支持网络是资源的输入。

从社会支持网络理论的视角来看，社会工作者帮助服务对象建立固定的交友圈子，既增加了服务对象的社会资本，也让服务对象有了对外表现自己的机会和场域，有了向外输出自己价值的平台，这种良性的互动将大大改善服务对象的处境。

根据需求评估和各项理论依据，社会工作者在与服务对象达到一致目标后，制定以下服务策略。

第一，认识压力。社会工作者需要和服务对象共同梳理其遇到的问题并分析问题产生的原因，鼓励服务对象积极面对现有压力，认识自己的非理性信念，认识不良情绪产生的不良影响，从而改变自己的认知行为方式。

第二，缓解压力。服务对象的压力来源包括经济压力、女儿学业问题、女儿心理问题以及和女儿的不良关系。因此，社会工作者主要通过解决服务对象的压力来源以缓解其压力，从而解决或消除压力带来的情绪问题。

第三，释放压力。鼓励服务对象走出家门，参与社区活动，释放生活上的压力，构建社会支持网络，增强社会功能，提升自我效能感。

分步施策，优化服务

第一阶段：建立专业关系，开展心理疏导

社会工作者在服务过程中，对服务对象一直保持真诚、同感和无条件的关怀，通过及时处理、给予希望、提供支持等介入手法，取得服务对象的信任，使其主动配合、参与社会工作者的工作，慢慢地告别消沉和抗拒。

在建立良好关系之后，社会工作者给予服务对象关心和陪伴，使服务对象感受到温暖，同时运用情绪 ABC 理论为服务对象开展心理疏导，帮助服务对象正确认识生活中遇到的困境以及服务对象产生的非理性信念带来的不良情绪后果，从而改变不良认知，相信自己有面对困境的勇气和能力，并积极改变。

服务对象由开始的消极应付，变得越来越主动、越来越热情，与人沟通也变多了。特别是自己情绪的改变，让女儿回到了这个年龄该有的状态。说起女儿的改变，每次都喜笑颜开的，还表示特别喜欢跳广场舞，交了很多朋友，平时放假休息时还会约朋友一起出去看花赏风景。

第二阶段：链接多方资源，缓解服务对象的经济压力

社会工作者链接了公益教师、心理专家、舞蹈团以及手工制作协会等志愿者资源，还链接了社会救助的政策资源，为服务对象提供了心理、经济、社会方面的支持。

为缓解服务对象女儿学业辅导的压力，社会工作者链接了青山区志愿者协会的公益教师，为其免费提供课业辅导，帮助其提高了学习成绩，同时，协助申请免除了一部分课外辅导的费用；此外，社会工作者及时联系社区网格员，协助服务对象办理了社会救助补助，结合服务对象家庭情况申报基本补贴和定期物资慰问，让服务对象感受到了党和国家政策的关怀和温暖，一定程度上也缓解了服务对象的经济压力。

经过历时两个月的课外补习，服务对象女儿的数学成绩从 40 分提高到了 60 多分，其他各科成绩略有进步，也逐渐克服了社交障碍。服务对象对女儿成绩的显著提高感到非常高兴，对孩子未来的升学考试又多了一份信心。

第三阶段：建立母女良性沟通方式，获取家庭支持

社会工作者抓住问题根源，即服务对象的心理问题、情绪问题和主要来源于女儿的问题，从解决女儿的一系列问题入手，促进服务的目标实现。社会工作者帮助服务对象认识自己的不良情绪给亲子关系带来的影响，学习情

绪疏导，掌握正确的亲子沟通方式，从内心深处关心和理解女儿的处境，发现女儿的优势，及时给予女儿赞美和鼓励，增强女儿改变的动力和信心。

针对服务对象女儿沉默自卑等问题，帮助其正确认识自己，接纳自我，如：肯定其画画技能、作文写得好等优点；鼓励服务对象女儿参与社区青少年活动及班级活动，增加同辈交往，提升自信心；链接心理专家，引导其找到自主解决问题的办法。

现在，服务对象说，女儿能够理解她，不再对她的唠叨表现出负面的抗拒。服务对象也减少了唠叨，更多地去倾听孩子的心声，给予孩子信任与支持。现在，亲子关系和谐，也很少再出现争吵的情况。

服务对象女儿的学业、心理以及社会融入情况目前有所改变，但这是一个长期的问题，社会工作者还建立了跟踪回访机制，定期了解服务对象女儿的情况，如有必要，可为服务对象的女儿专门提供个案服务。

第四阶段：融入社区，构建社会支持网络

通过社会工作者的帮助和服务对象的自我调节，服务对象的情绪较以往有了明显的改善，经济压力有所缓解，女儿学业进步以及亲子关系得到改善，这些都让服务对象重燃生活的希望，变得更有活力。在社会工作者的帮助下，服务对象加入了社区广场舞健身队，结识了一些同龄朋友，在生活上互相帮助，在精神上相互慰藉，服务对象的精神面貌有了很大的改变。此外，服务对象在社会工作者的邀请下还参加了社区手工制作活动，逐渐融入社区这个大环境中，社会支持网络不断扩大，社会支持系统得到了大幅提升。

如今，服务对象不仅在舞蹈队结交了很多朋友，日常还会抽出时间参加亲友的家庭聚会，并且会精心打扮一番；周末时会陪伴女儿参加班级同学聚会，和其他家长一起沟通交流。相比以前，服务对象更愿意参加社会活动了。

【研讨题】

1. 本案例中，针对单亲家庭的社会工作介入方法有哪些？社会工作者在介入过程中主要扮演哪些角色？

2.在家庭抗逆力视角下，社会工作从哪些层面介入单亲母亲家庭的服务探讨？

3.本案例中，如何运用"五社联动"机制帮助单亲妈妈构建社会支持网络？

案例分析

一、个案工作及社区工作方法在案例中的运用

个案工作是专业工作者遵循基本的价值理念，运用科学的专业知识和技巧、以个别化的方式为困难的服务对象自身或家庭提供物质和心理方面的支持和服务，帮助服务对象自身或家庭缓解压力、解决问题、挖掘生命潜能，不断提高自身能力和社会的福利水平。

社区工作是专业社会工作的一种基本方法，它以社区和社区居民为对象，通过发动和组织社区居民参与集体行动，确定社区的问题与需求，动员社区资源，争取外力协助，有计划、有步骤地解决或预防社会问题，调整或改善社会关系，减少社会冲突，培养自助、互助及自决的精神，加强社区的凝聚力。培养社区居民的民主参与意识和能力，发掘并培养社区的领导人才，以提高社区的社会福利水平，促进社区的进步。

个案工作是社会工作者在介入单亲家庭问题时常用的一种方法。个案工作更易于建立起社会工作者与家庭、孩子之间的专业关系，有利于进行深入的沟通和介入，易于发现问题并深度剖析造成问题的核心原因。而社区工作方法可以为服务对象提供政策层面的帮扶，解决造成其生活困难的问题。同时，积极开发、利用社区资源，为服务对象提供更多帮助，提供开展社区活动及其他服务的机构信息，帮助服务对象更好地融入社区。

二、"家庭抗逆力"理论在服务中的应用

家庭抗逆力理论由抗逆力（resilience）理论发展而来。与个人抗逆力关注个人不同，家庭抗逆力是将家庭看作一个整体来共同应对挑战。家庭抗逆力理论改变了一贯的以问题视角看待家庭的方法，将注意力从关注家庭缺陷转

向发现家庭存在的优势和资源，试图去理解家庭如何在巨大的困难与压力中继续生存。

（一）家庭内在力量的提升

1.家庭信念系统的构建。在服务过程中，首先，要帮助家庭成员认识到构建家庭抗逆力的意义，使他们正确看待困境，不再将困境单纯归结为个人原因或他人原因，而是综合对比多方面因素，将困境作为整个家庭共同面对的挑战。其次，社会工作者要帮助家庭成员保持乐观积极的态度，关注家庭自身所具备的优势和潜力，不断给予家庭成员鼓励，使其能够运用自身能力积极主动地去解决问题，并对自身所具备的能力充满信心。

2.家庭组织模式的调适。社会工作者在提供服务的过程中，应帮助服务对象家庭在面对困难或者重大危机时及时改变家庭的角色、关系、规则和生活方式以应对突发的挑战。在改变的同时，也需要保持家庭的稳定性。帮助家庭成员及时化解冲突，明确整个家庭的共同目标，增强家庭的凝聚力、向心力。

3.家庭沟通过程的促进。良好的沟通对于增强家庭抵御风险的能力来说具有非常重要的意义。社会工作者要帮助服务对象的家庭营造一种和谐、安全的家庭氛围，让家庭成员在这样的氛围中坦诚地分享自己的情感及内心最真实的想法，合理地宣泄压制在心中的不满和诉求，从而真正实现彼此之间的相互理解。

（二）家庭外部支持力的构建

1.社区介入。社会工作者要积极组织社区活动来帮助服务对象，积极引导服务对象参加社区活动，帮助她们更好更快地适应社区生活和单亲生活。社会工作者需要积极扮演好社区活动策划者、资源调动者的角色，充分利用社区资源，帮助服务对象搭建一个与社区交流的平台，营造社区成员互相关心的环境。

2.构建社会支持网络。社会工作要聚焦家庭的外部系统，作为资源链接者，帮助家庭构建社会支持网络，缓解家庭独自面对困境的压力。一方面，可以链接相关资源，为子女提供学业辅导，减轻照顾者的照顾压力；另一方面，可以提供就业培训、技能培训等服务，帮助服务对象进行自我职业提升，间接改善家庭经济状况。

三、"五社联动"模式下单亲家庭社会支持网络系统的构建

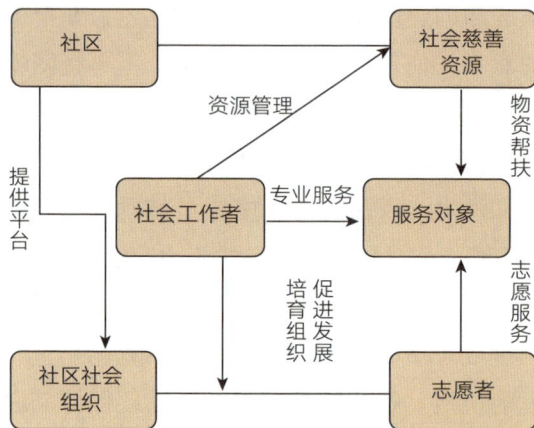

图1 "五社联动"模式下社会支持网络系统构建图

第一，社区是社会支持网络的基础。社区可以为单亲母亲的家庭提供生活照料、办理社会救助、家庭关系协调等服务，确保其基本生活需求得到满足。社区还可以通过开展文化活动、亲子活动等，增强家庭的社区归属感。

第二，社会组织是推动社会支持网络构建的重要力量。社会组织具有专业性和灵活性，能够根据服务对象的不同需求提供个性化的支持服务。例如，提供心理辅导、就业咨询、法律援助、健康讲座等服务。

第三，社会工作者是社会支持网络的核心。通过个案工作、小组工作和社区工作等专业方法，社会工作者可以为服务对象提供心理支持、资源链接和社会融入等服务。

第四，志愿者是社会支持网络的重要组成部分。通过各种形式的志愿服务，如陪伴单亲母亲进行户外活动、辅导孩子学习等，为单亲母亲及其家庭提供实实在在的帮助。

第五，社会慈善资源是单亲母亲家庭社会支持网络的保障。企业和个人的捐赠，可以为单亲家庭提供资金物资支持，帮助他们渡过难关。

专家点评

　　本案例充分体现了"以人为本"的服务理念，关注单亲妈妈的实际需求，从服务对象女儿学习成绩、服务对象本人社会交往和服务对象家庭经济收入等多个维度入手，提供全面、系统的服务。这种理念符合现代社会工作的发展趋势，值得肯定和推广。服务提供者针对个案主体的具体需求，制定了切实可行的服务策略。运用ABC理论和社会支持网络理论等作为支撑，帮助服务对象缓和了家庭关系，建立自身的社会支持网络，既注重解决当前家庭关系的问题，又着眼于服务对象女儿未来的成绩和成长等，具有较强的针对性和可操作性。从实施效果来看，本案例取得了一定的成效，服务对象自身的能力得到增强，与女儿的关系得到缓和，家庭抗逆力得到提升。但我们也应看到，该个案在保持成效方面存在一定的困难和挑战。因此，我们需要持续关注服务对象及其家庭的变化和发展，及时调整后期跟进策略，确保服务的可持续性。